Principios inquebrantables del éxito

Jeff Keller

Autor del bestseller *La actitud lo es todo*

TALLER DEL ÉXITO

Principios inquebrantables del éxito

Publicado por:

Editorial Taller del Exito
1669 N.W. 144 Terrace, Suite 210
Sunrise, Florida 33323
Estados Unidos
www.tallerdelexito.com

Editorial dedicada a la difusión de libros y audiolibros de desarrollo personal, crecimiento personal, liderazgo y motivación.

ISBN 10: 1-607381-10-9
ISBN 13: 978-1-60738-110-5

Printed in the United States of America
Impreso en Estados Unidos

12   13   14   15   16   R|UH   07   06   05   04   03

Reconocimientos

A Dios, gracias por tu amorosa orientación y por las muchas bendiciones que me has dado.
A mi esposa Dolores, por tu amor y respaldo a mi labor en cada paso del camino.

A Sturat Kamen, por tu excelente trabajo editando la gran cantidad de ensayos necesarios para la culminación de este libro.

A las miles de personas que me han contactado por correo postal, electrónico y personalmente para contarme cuánto se han beneficiado con estos ensayos. Muchas gracias por su apoyo y estímulo.

Contenido

Un mensaje personal
de Jeff Keller

Sin importar en qué parte de tu peregrinaje de desarrollo personal te encuentres, creo que nuestros caminos se han cruzado en este punto por una razón.

Aunque no te conozco, hay algo de lo que estoy seguro: este libro contiene principios que van a mejorar dramáticamente tu vida. Lo digo con confianza porque ellos cambiaron mi vida para bien y también han cambiado la vida de millones más.

A mediados de los años 1980 viví un momento decisivo en mi propio peregrinaje de desarrollo personal. No estaba satisfecho con mi carrera como abogado y estaba muy desanimado. En ese entonces no tenía mucho conocimiento acerca de principios de actitud ni del éxito. En el momento en que los hallé, ellos me "rescataron" y me abrieron la puerta a una maravillosa y nueva manera de vivir.

Puedes estar seguro que todavía no lo he descubierto todo. A la gran mayoría nos ocurre que somos "una obra en desarrollo". Pero sé que los principios de este libro te ayudarán a llegar a ser una persona más feliz, más exitosa (sin importar cuál sea tu definición de éxito), que hace una diferencia positiva en este mundo.

Este libro no es una clave para tener éxito de la noche a la mañana, ni para hacerse rico sin ningún esfuerzo. He aprendido que eso no existe. El éxito requiere de disciplina así como del desarrollo de nuevas formas de pensamiento y comportamiento. Para implementar todo esto bien vale la pena que inviertas tu tiempo y esfuerzo.

Durante más de 10 años he distribuido mis ensayos vía internet a personas de todo el mundo. En este libro he elegido 62 de ellos para compartirlos contigo. Disfrútalos, aplica las lecciones y construirás una vida extraordinaria.

¡Estos son los principios inquebrantables del ÉXITO!

Jeff Keller

1

Es por esto que "la actitud lo es todo!"

*"El mayor descubrimiento de mi generación es
que los seres humanos pueden cambiar sus vidas
al cambiar su actitud mental".*
— William James

Attitude is Everything (La actitud lo es todo). Este es el nombre de mi compañía y es la filosofía con la cual respaldo cada parte de lo que soy porque de primera mano he visto cómo este principio ha cambiado mi vida para bien. Y aún así, en mis viajes, las personas se me acercan y me dicen: "Sí, claro, la actitud es importante. ¿Pero lo es "todo"? Bueno... de verdad creo que sí.

Para este fin, tomemos una sencilla definición de actitud positiva. Lo primero y más importante es que las personas con actitud positiva son optimistas. Saben concentrarse en el "puedo" en lugar de en el "no puedo". Ven las posibilidades en lugar de ver las limitaciones. Ahora, soy el primero en admitir que el éxito requiere más que sólo actitud positiva ya que hay otros principios que debes poner en práctica. ¡Pero todo comienza con la actitud! Sin una actitud positiva no tienes cómo aprovechar ninguno de los otros principios del éxito. Tu actitud es el fundamento y el punto de partida para alcanzar el éxito y la plenitud.

EXAMINEMOS CÓMO TU ACTITUD
ACTIVA LAS OTRAS CLAVES DEL ÉXITO:

Confianza: ¿Puedes ser seguro y persuasivo si no eres optimista? Creo que no. La persona segura confía en sus habilidades y avanza con la expectativa del éxito. Y los demás ven y sienten esa confianza. Por el contrario, el negativismo genera duda e indecisión.

Persistencia: todos conocemos el valor que tiene el intentarlo repetidas veces hasta lograr el objetivo. ¿Por qué razón persistirías si no creyeras que a la larga vayas a tener éxito? El optimismo conduce a la persistencia. Las personas negativas se dan por vencidas ante la primera muestra de dificultades porque sienten que no tiene sentido esforzarse más.

Resistencia: es volver a ponerte de pie después de haber sido derribado y definitivamente es uno de los principios del éxito más importante. Quienes son negativos se vuelven más pesimistas cuando las metas no les salen según lo planeado. Quienes son positivos se frustran momentáneamente y luego buscan la oportunidad o la lección que surge de la adversidad. También he descubierto que las personas muy positivas no se resisten a los eventos de la vida, ni maldicen su destino, ni lamentan lo malo que les ocurre. En lugar de eso creen que todo sucede por algún motivo. Este enfoque les ayuda a superar las adversidades y a "ir con la corriente".

Valor: sin valor no hay éxito prolongado. Cuando crees que puedes hacer algo, tienes el valor para avanzar a pesar del miedo. Por otra parte, las personas negativas tienden a alejarse de sus temores saboteando así su potencial.

Entusiasmo y energía: muéstrame a una persona con una actitud positiva y dinámica y yo te mostraré a alguien energético y que muy seguramente está entusiasmado respecto a lo que está haciendo. Esta clase de individuos tiene alas en los pies y te sientes mejor con sólo estar cerca de ellos. ¿Cuánta gente negativa conoces a quien describirías como energética y entusiasta? ¿Con cuántas personas negativas esperas pasar tiempo sólo porque te impulsan cada vez que estás con ellas? Apuesto que con ninguna. La negatividad es un consumidor de energía, mientras que el optimismo la intensifica.

Salud: ésta es una de esas situaciones que tienes que vivir tú mismo para apreciarla. Todos hemos tenido momentos en los que nos hemos enfermado debido a estar bajo mucha presión y consumidos por el negativismo. Bueno, cuando yo estaba en mis veintes y tenía una actitud negativa, me sentía cansado y luchaba con una variedad de pequeñas molestias. Cuando mi actitud mejoró, mi salud también mejoró. Me veía y me sentía más joven. La verdad es que las células de tu cuerpo literalmente cobran vida cuando eres positivo.

Animar a otros: a medida que comiences a ver y hacer uso de tu potencial, también empezarás a ver la grandeza que yace al interior de cada persona. Tienes fe en la habilidad de los demás y ¡ellos se apoyan en eso! Es más, quien es positivo es un líder mucho más efectivo. ¿Te gustaría seguir a alguien que no cree en lo que está haciendo o que espera un resultado negativo? Claro que no.

Gratitud: cuando tu perspectiva es negativa, tiendes a concentrar tu atención en lo que está "mal" en tu vida y no aprecias la belleza que te rodea. A medida que te haces más positivo, te asombra la belleza y caminas con un sentido de admiración. Las personas positivas aprecian más todo. También ven que se sienten mejor cuando disfrutan de sus bendiciones en lugar de lamentarse y encontrar fallas.

Perspectiva: ésta es una evolución lógica de tus crecientes sentimientos de gratitud. Aprecias todas las cosas positivas en tu vida y reconoces que superan ampliamente cualquier problema o inconveniente temporal. No armas un gran escándalo ante un pinchazo o una venta perdida porque sabes que carecen de importancia ante tu salud, tu libertad, tus amigos y familiares.

"Accesibilidad": piensa en las personas negativas que encuentras todos los días. Tienen el ceño fruncido y no sientes que produzcan ningún buen afecto. Generan distanciamiento. Por el contrario, la persona optimista inicia con una sonrisa y ¡tú tiendes a devolverle una sonrisa de inmediato! Sientes cierta conexión con las personas positivas y disfrutas el tiempo que pasas con ellas.

Crecimiento espiritual: quienes se comprometen a desarrollar su actitud, inevitablemente experimentan una mayor consciencia espiritual. Las personas negativas e infelices sencillamente no hallan una conexión significativa con ningún Poder Superior. Sin embargo, cuando estás lleno de pensamientos y sentimientos positivos, comienzas a apreciarte más a ti mismo y a los demás. Sientes que hay propósito detrás de todo y que eres parte de un plan más grande. También confías más en tu intuición y ves que estás siendo dirigido en tu peregrinaje.

Creo que estarías de acuerdo con que la anterior es una lista impresionante de cualidades. Y la forma para tenerlas todas es desarrollando una actitud más positiva. Pero nunca olvides que tu actitud es una elección que haces todos los días. Decide desarrollar una actitud positiva inquebrantable. Creo que al final también te darás cuenta que ¡la actitud LO ES todo!

2

El secreto para ser afortunado

"La suerte es el encuentro entre la preparación y la oportunidad".
Elmer Letterman

¿**P**or qué hay quienes parecen tener toda la suerte posible? Siempre están en el lugar correcto en el momento preciso. Sus empresas prosperan. Obtienen excelentes ascensos uno tras otro. *Mejor dicho*: disfrutan de un éxito fenomenal. ¿Qué significa eso? ¿Hacen algo especial o es que la buena suerte los elige por casualidad?

Hagamos a un lado por un momento la suerte de ganar la lotería, el cual parece ser un hecho fortuito y más bien concentrémonos en quienes consistentemente logran resultados extraordinarios. Con frecuencia atribuimos sus logros a la suerte casual. Sin embargo, después de estudiar su vida he descubierto que hay más que eso. Sin duda, estas personas parecen beneficiarse de algo que llamaré "suerte generada".

La gente que crea su propia fortuna tiene ciertos rasgos en común. *Así que éstos son los secretos para traer suerte a tu vida intencionalmente:*

1. **Sé proactivo:** muéstrame una persona constantemente afortunada y te mostraré a alguien que no se sienta a esperar que la

buena fortuna lo visite. Sin duda, las personas afortunadas se ponen a sí mismas en una posición para ganar continuamente al actuar en la búsqueda de sus metas.

2. **Mantén una actitud dinámica y positiva:** se ha demostrado que atraemos aquello en lo que más pensamos. Quienes alcanzan los logros creen en sí mismos y en sus habilidades. Se visualizan logrando sus metas y están seguros que dominarán todos y cada uno de los retos que surjan en su camino. Así que para llegar a ser un imán de logros excepcionales, ¡conserva una perspectiva de seguridad y concéntrate en el éxito!

3. **Ten un deseo ardiente:** además de ser positivos, los afortunados se apasionan consiguiendo sus metas. Siempre están en la búsqueda de oportunidades y puedes apostar que le aportan entusiasmo y energía a la búsqueda.

4. **Permanece listo:** Earl Nightingale lo dijo brillantemente: "Si no estás preparado para cuando se presente tu oportunidad, ésta sólo te hará quedar como un tonto". Las personas afortunadas viven mental, física y emocionalmente listas para desempeñarse al máximo. Son aprendices y duros trabajadores. Sin importar cuál sea la actividad en la que estén participando, los verás leyendo, practicando y eligiendo los cerebros de personas exitosas en ese campo para aprender de ellas. Y tienen claro que la preparación debe hacerse antes que esa fantástica oportunidad se presente. A veces los atletas parecen afortunados, pero no olvides los incontables años de práctica que invierten.

5. **Manifiesta una increíble persistencia y perspectiva a largo plazo:** la mayoría de la gente quiere un golpe de suerte *y lo quiere ¡AHORA MISMO!* Como si el éxito fuera tan fácil. Examina la vida de quienes han alcanzado grandes logros y encontrarás que prácticamente cada uno de ellos enfrentó años de frustración y adversidad. En cualquier profesión, los pocos que se rehúsan a renunciar cuando el éxito no se ve por ninguna parte en el horizonte, son quienes eventualmente logran lo "imposible".

6. **Paga tus deudas:** las personas afortunadas están dispuestas a comenzar poco a poco e irse abriendo camino hacia arriba.

Por ejemplo, en la secundaria y la universidad, Michael Jordan, no era el mejor jugador de baloncesto del mundo. Así mismo, Oprah Winfrey no comenzó su carrera presentando su propio programa de televisión a nivel nacional. Con el tiempo ellos desarrollaron sus habilidades y se *ganaron* el derecho a capitalizar sus oportunidades.

7. **Crea objetivos claros:** la claridad es poder. Las personas afortunadas saben qué quieren lograr y visualizan con detalle el resultado final. Son motivadas por una imagen emocionante que buscan hacer realidad. No vas a llegar muy lejos sólo con una vaga noción de querer ser "feliz" o "exitoso".

8. **Demuestra flexibilidad:** enfrentémoslo, no importa cuán preparado estés, nunca podrás anticipar *todas* las adversidades y desvíos que vas a encontrar. Las personas afortunadas supervisan su progreso y hacen ajustes cuando es necesario. Cuando una estrategia en particular no está funcionando, no se lamentan ni maldicen su mala suerte; sencillamente hacen un cambio. Además, ellas son muy abiertas, y están dispuestas a aprovechar al máximo las nuevas oportunidades que surjan mientras van tras su meta original.

9. **Asume riesgos:** esto no se trata de hacer apuestas tontas y desprevenidas. Sin embargo, por lo general el éxito fenomenal e innovador está reservado para quienes se aventuran a entrar a territorios desconocidos.

Al final, la gente exitosa forja su propia suerte. George Bernard Shaw lo dijo mejor: "Quienes ascienden en este mundo son aquellos que se levantan y buscan las circunstancias que quieren, y si no las hallan, las crean".

3

El Boomerang

*"Trabaja con gozo y tranquilamente, sabiendo
que tanto los buenos pensamientos como los
buenos esfuerzos, inevitablemente traerán
buenos resultados".*

James Allen

Ya sea que te hayas dado cuenta o no, hoy estás lanzando el boomerang. Seguramente sabes que un boomerang es una vara angular, la cual lanzas y en algún momento regresa a ti. En el juego de la vida a diario estás lanzando el boomerang, mediante acciones o comportamientos que mandas al mundo y que posteriormente vuelven a ti, con frecuencia multiplicados por el rebote.

Probablemente has escuchado este principio expresado de diferentes formas, como "lo que se hace, se devuelve". O las frases bíblicas "da y se os dará" y "lo que siembras, cosechas".

Pero ¿cómo se aplica este principio a tu vida diaria? Dicho en términos sencillos, si tratas a los demás con amor y respeto, encontrarás que por lo general te amarán y te respetarán. Si sirves a los demás, es muy probable que también seas servido. Desde luego, esta "ley" también se aplica a comportamientos negativos. Si eres crítico y juzgas, no te sorprendas cuando te critiquen y te juzguen.

A propósito, no siempre se recibe exactamente de lo mismo que se ha dado. Por ejemplo, puedes hurtar dinero y en lugar de que alguien hurte el tuyo, es probable que termines en prisión. Pero sin importar cuál sea la respuesta específica, siempre hay consecuencias negativas de aquellas acciones deshonestas e inescrupulosas, así como también hay resultados positivos por los esfuerzos buenos y honorables.

Antes de seguir aclaremos ciertas malas interpretaciones acerca del principio del boomerang. Muchos no creen en ese principio porque no lo ven con una perspectiva a largo plazo. Muy pocas veces la devolución de tu acción es inmediata. De hecho, a menudo hay una larga demora entre tus acciones y las consecuencias.

Así que si sientes que estás llevando una "buena vida" ayudando a otros, siendo leal a tus amigos, creativo en los negocios y amando a tu familia, pero aún no has recibido ninguna buena recompensa, no te desesperes. Primero que todo, es factible que estés subestimando las bendiciones que ya tienes en tu vida. O considera lo que Ralph Waldo Emerson creía respecto a las recompensas demoradas, que tus buenas acciones están ganando "intereses compuestos" en el banco del Universo, generando cada vez más valor y que algún día recibirás unos dividendos muy atractivos. Es de esta manera como el Universo premia a quienes son persistentes y diligentemente trabajan en busca de su meta definitiva para luego (aparentemente de forma repentina) ¡alcanzar un asombroso éxito!

Algunos también tienen problemas con el principio del boomerang porque esperan que la recompensa provenga de la misma persona a quien le han dado algo. Pero por lo general no funciona de esa manera. Nunca sabrás de dónde va a venir la recompensa, ni cuándo llegará, pero siempre llega.

Probablemente la forma más útil para ver este principio en acción es mirándolo "a la inversa". En otras palabras, concéntrate en lo que está llegando a tu vida y lo que observes te dirá qué has estado compartiendo.

Así que, si no estás recibiendo algo que deseas (como amistad, amor y honestidad), considera: probablemente no has estado dando de eso mismo a quienes te rodean. Lo que dejas de darles a los demás tampoco se te dará a ti. Cuando comiences a dar de aquello que quieres obtener, activarás el caudal de vuelta hacia ti.

En realidad es muy sencillo: envía y recibirás de vuelta. ¡Piensa en el poder que esto pone en tus manos para controlar lo que viene a tu vida!

¿Cómo vas a lanzar el boomerang hoy? La elección es tuya.

4

Renuncia al rencor

*"Nunca cargo rencores. ¿Sabes por qué?
Mientras tienes rencores, los demás están bailando".*

Buddy Hackett

S i no te molesta, quiero hacerte una pregunta personal. Aquí está: ¿Sientes rencor hacia alguien? Si eres como la mayoría de nosotros, probablemente pienses en varias personas hacia quienes tienes resentimientos o incluso odias. Probablemente alguien te mintió, te robó algo, te criticó o te generó daño físico o emocional. Puede haber sido un padre, un familiar, un amigo, un compañero de trabajo, tu jefe o un completo extraño.

Para los fines de este artículo, piensa en alguien hacia quien tengas más resentimientos. ¿Cómo te sientes con esa persona al mirarla y pensar en la manera como te trató? Apuesto que te sientes tenso, incómodo y tu presión arterial aumenta. (¡Así es como tu cuerpo te dice que no le agrada cuando te concentras en el odio y el resentimiento!).

Así que preguntas, ¿acaso los resentimientos no son parte de la vida? Después de todo, si alguien te hiere ¿cómo se supone que debes reaccionar? Sin duda la mayoría de nosotros ha desarrollado el hábito de anidar malos sentimientos hacia quienes nos han herido. Pero *hay* otra elección que podemos hacer.

Mira el ejemplo del ex Presidente Ronald Reagan, a quien en 1981 John Hinckley le disparó y casi lo asesina. Estando en el hospital, Reagan le dijo a su hija Patti que su sanidad física dependía de su habilidad para perdonar a quien casi lo asesina. Y lo hizo.

He llegado a la conclusión de que los rencores son "venenos internos" que hacen más daño a la persona que los anida que a la persona odiada. Cada minuto que pasas con resentimiento te hace daño física, mental, emocional y espiritualmente. Además, cuando sigues odiando y con resentimiento, "bloqueas" tu creatividad mental. Las ideas fluyen mejor cuando estás en calma y en paz, no cuando estás consumido por el odio y la venganza.

En este punto posiblemente estás pensando: ¡Pero usted no sabe lo que esta y esta persona me hicieron! Es cierto. No lo sé. ¿Y qué? El problema es que tu rencor no está logrando *nada* más que enfermarte. Acumular razones "lógicas" para conservar tus malos sentimientos no te ayudará para nada.

Déjalo ir

Así que, ¿cómo nos liberamos de nuestros rencores? Definitivamente negar tus sentimientos no va a funcionar. Si sientes odio o resentimiento, admítelo. En realidad la cuestión es elegir por cuánto tiempo vas a conservar tus sentimientos negativos. Cada uno de nosotros procesa el enojo de una manera diferente. Algunos tienen la capacidad de liberar su rencor después de un corto periodo de tiempo. Otros llegan a tomarse meses o hasta años.

Las siguientes son unas sugerencias para renunciar a tu amargura... y perdonar a quien te hirió. [NOTA: seguir estos pasos no significa que ahora apruebes su comportamiento o que de un momento a otro sean los mejores amigos, solamente estás liberando tus malos sentimientos hacia esa persona].

1. **Haz una lista:** escribe los nombres de aquellos hacia quienes tienes ira y resentimiento. No limites la lista a las contiendas más trascendentales, también recuerda las pequeñas discusiones

que a lo mejor tuviste durante la niñez. Toma algo de tiempo para hacerlo. ¡Probablemente te sorprendas con el tamaño de tu lista! *(Ahora, elige a la persona que genera las emociones más negativas y sigue leyendo).*

2. **Identifica los beneficios que representa mantener el rencor:** ¿En realidad, qué está logrando ese rencor? Sé honesto. Escribe todos los aspectos en los que tu vida mejora debido a tu rencor. Lo más probable es que tu "lista de beneficios" será tan corta que de inmediato notarás lo inútil que es conservar ese resentimiento.

3. **Olvídate de lo "bueno" y lo "malo":** mientras intentas solucionar estos problemas de una vez por todas, concéntrate únicamente en liberar tus malos sentimientos y no en procurar "ganar la discusión".

4. **No pongas condiciones:** no puedes sentarte e insistir que la otra persona debe disculparse o llamar primero. De ti depende hacer el primer movimiento. Así que toma la iniciativa y haz a un lado tu ira. *Recuerda que estás haciendo esto para ayudarte a ti mismo.*

5. **Ve directamente a la fuente:** dile a la otra persona que estás liberando tu rencor. Explícale que estás haciendo a un lado todos los resentimientos o malos sentimientos que tienes hacia él o ella. Elige llamarla, escribirle o encontrarte personalmente con él o ella. (Si esa persona ha fallecido, escríbele una carta y luego deséchala).

Si tu intención real es afectuosa y compasiva, y si honestamente has hecho a un lado toda tu ira y resentimiento, tu comunicación con esa persona fluirá mucho mejor de lo que imaginas. Si, por otro lado, sigues intentando "ganar" tu batalla privada, es muy probable que generes aún más emociones negativas.

De cualquier forma, la reacción de la otra persona a tu propuesta no es de gran importancia. Él o ella pueden comenzar a gritarte y tirarte el teléfono. O probablemente encuentres que esta persona ni siquiera sabía de tu resentimiento. Sin embargo, cualquiera que sea la respuesta, ¡te vas a sentir mucho mejor después de expresar tus sentimientos y seguir adelante!

LIBERACIÓN INTERNA

Probablemente no sea necesario tener contacto directo con aquella persona si internamente logras dejar a un lado tu ira. Las siguientes técnicas te ayudarán en esta área:

6. **Considera el trasfondo de la otra persona:** es posible que aquel hacia quien tienes resentimientos no haya recibido el amor y la atención que tú has recibido a lo largo de tu vida (probablemente sus padres eran demasiado críticos, etc.). Esto no justifica su comportamiento pero te ayuda a entender más fácilmente sus acciones. Al pensar de esta manera estarás más dispuesto a tener compasión, lo opuesto al odio. (Por ejemplo, según Patti Davis, su padre Ronald Reagan nunca mostró algún odio hacia John Hinckley. En lugar de eso, él expresó compasión y se refirió a Hinckley como a alguien "equivocado").

7. **Considera (o también ora) por el bienestar de la otra persona:** parece algo muy raro, pero precisamente esta acción rompe el ciclo de pensamientos negativos que constantemente asocias con esa persona. Así que inténtalo ahora. Relájate, respira y deséale salud, felicidad y prosperidad. Parece difícil al comienzo pero sigue haciéndolo y si realmente quieres liberar el rencor, con el tiempo verás que puedes generar sentimientos de cariño hacia esa persona.

8. **Visualiza cómo la tensión sale de tu cuerpo:** cierra los ojos e imagina el resentimiento en tu cuerpo. Piensa que es un objeto tangible y definido. ¿De qué color es? ¿Tiene una forma en particular? Ahora, visualiza cómo ese objeto o masa sale de tu cuerpo y se desintegra en la atmósfera. Respira profundo y siente cómo disminuye la tensión.

¡NO ESPERES MÁS!

9. **Entiende el efecto de onda de tu resentimiento:** tu rencor tiene un impacto importante sobre los demás, en especial cuando tus familiares o tu familia política están involucrados. Por ejemplo, digamos que te rehúsas a hablar con tu hermano. Ahora haces

que sea incómodo que tus familiares los inviten a los dos al mismo evento. Sé considerado y has a un lado tu rencor. Todos se beneficiarán.

10. **¡Actúa AHORA, antes que sea demasiado tarde!** Las relaciones rotas, especialmente con amigos y familiares, son algo como un "negocio inconcluso". Lo veas o no, una parte de ti quiere sanar esta relación *mientras haya vida*. La vida es frágil y nunca sabrás cuándo alguien se va a enfermar, a morir o a mudarse a miles de kilómetros de distancia. Si no arreglas la grieta de inmediato, puede que no vuelvas a tener otra oportunidad. Así que no desperdicies otro minuto, porque estás corriendo el riesgo de llevar el remordimiento por el resto de tu vida. *De nuevo, no importa si la otra persona acepta tus comentarios.* Es algo que estás haciendo para sanarte a ti mismo.

11. Habla con un consejero o terapista: en ciertos casos, los métodos de autoayuda en sí no son suficientes para superar emociones negativas. Pudiste ser víctima de abuso o haber sufrido un serio trauma físico o emocional. Si este es el caso, busca ayuda de profesionales calificados que tengan habilidades para aconsejarte en tu situación particular.

Cuando entiendas que el rencor solamente te lastima, no vas a anidarlo con tanta frecuencia. Entonces, ¿qué estás esperando? Aplica estas técnicas al resto de personas en tu "lista de rencor". Ten presente que cuando haces a un lado tus sentimientos negativos, verás que se te quita una tremenda carga de encima. Ahora, hazte el favor de poner a un lado el resentimiento *¡hoy mismo!*

5

Cómo alcanzar los deseos de tu corazón

*"Nadie triunfa por encima de sus más
atrevidas expectativas a menos que
comience con expectativas atrevidas".*

Ralph Charell

¿**H**as descubierto los deseos de tu corazón? Es más, ¿has hecho algún progreso para lograr alcanzarlos?

Sé que con sólo mencionar "los deseos de tu corazón" evocas una o dos imágenes interesantes, como cuando un genio sale de una lámpara mágica y te concede tres deseos. Aunque así posiblemente funciona en las películas, he encontrado que ese no es el caso en el "mundo real". Más bien, de cada uno depende estar en sintonía con lo que realmente desea para su vida y forjar su camino para lograr su más preciado destino.

Aunque el camino de cada quien es único, quiero compartir contigo varios principios que te servirán de guía durante este recorrido:

1. **Disponte a descubrir:** ¡Creo que tú no encuentras los deseos de tu corazón sino que ellos son los te encuentran a ti! Solemos ser engañados al pensar que estamos identificando los deseos de nuestro corazón, cuando en realidad estamos siguiendo lo que

alguien más cree que es lo mejor para nosotros, o lo que nuestra "mente lógica" ha descubierto. NO es a esto a lo que me refiero.

Cuando eres positivo y receptivo te ves "invitado" a seguir una meta en particular o a embarcarte en un proyecto. Luego de ti depende aceptar la invitación y avanzar, así sea por fuera de tu zona de comodidad. Por ejemplo, nunca me propuse ser un escritor y orador motivacional. Es sólo que me encantaba leer libros de superación personal y escuchar programas motivacionales, luego comencé a tener la idea de seguir esa carrera.

Así que sé abierto y no trates de juzgar cómo o cuándo llamarán los deseos de tu corazón. Verás que te atraen caminos donde hacer mejor uso de tus talentos y personalidad únicos, y a menudo de una manera que sea de gran servicio para los demás.

2. **Expande tus creencias:** muchos se frustran cuando las cosas no les salen como esperan. Con frecuencia el problema es un limitado sistema de creencias. Por ejemplo, hay quienes se quejan porque no ganan suficiente dinero o porque no atraen las relaciones correctas. Sin embargo, éstas mismas personas todo el tiempo dicen (y lo creen) cosas como "nunca tengo suficiente dinero al final del mes" o "todos los hombres le temen al compromiso". Tu sistema de creencias (y lo que te dices a ti mismo) debe respaldar lo que deseas alcanzar. Así que asegúrate que tus pensamientos dominantes estén concentrados en lo que quieres y no en lo que no quieres.

3. **Mantén una dieta balanceada de emociones y sentimientos positivos:** no sólo aceleras tu éxito y alcanzas los deseos de tu corazón cuando piensas positivamente, sino también teniendo sentimientos positivos. Me refiero a sentimientos positivos fuertes, esa clase de emociones que te hacen estremecer por completo. Así es como te sientes cuando ves la sonrisa de un niño o al contemplar una hermosa puesta de sol. Algunos de los sentimientos positivos más poderosos son el amor, la gratitud y el perdón. Cuando posees esos sentimientos de manera consciente, te conviertes en un imán que atrae maravillas a tu vida.

4. **Deja ir las emociones negativas:** así como los sentimientos positivos ayudan a atraer los deseos de tu corazón, las emociones negativas te impiden alcanzar la grandeza. Las emociones típicas en esta categoría son la ansiedad, el odio, el resentimiento, los celos y los juicios que haces hacia los demás. Quisiera poder decirte que he dominado estas emociones negativas. Pero no es así. Lo que *sí* he observado es que estas emociones no me sirven para nada. Confía en tu cuerpo. ¿Cómo te sientes cuando estás enfadado o criticas? Te sientes terrible y estresado. Te conviertes en un imán de problemas y enfermedades. [NOTA: no estoy sugiriendo que debes negar tus sentimientos. Es simple cuestión de no quedarte con ellos por mucho tiempo. En lugar de quedarte empantanado en una de las emociones negativas, elige uno de los sentimientos positivos que hemos mencionado anteriormente y pasa a un marco mental más productivo].

5. **Sé flexible porque los deseos de tu corazón van a cambiar:** a lo mejor crees saber lo que vas a desear dentro de unos años, ¡pero no cuentes con eso! Dentro de uno año, incluso la próxima semana, puedes tener la necesidad de moverte en una dirección completamente diferente. Tus intereses cambiarán. Tus valores cambiarán. Tus prioridades cambiarán. Esa es una *buena* señal y demuestra que estás creciendo y siendo abierto a nuevos caminos en tu vida. Parece que cada año tengo un nuevo proyecto que me emociona y capta mi atención. He aprendido a no cuestionar eso. Sólo lo hago y las cosas siempre funcionan para bien.

6. **Sigue la pasión, no el dinero:** no me malinterpretes. El dinero es importante y me gustan las comodidades materiales así como a mi vecino. Sin embargo, cuando el dinero es la fuerza principal que te impulsa, es poco probable que te conectes con los deseos de tu corazón y alcances la plenitud. Y más interesante aún es que también es poco probable que acumules mucho dinero. Sin embargo, cuando sigues una carrera o un pasatiempo que te emociona, vas rumbo a descubrir los deseos de tu corazón y hacia vivir satisfactoriamente. Con el tiempo, ese también es el camino con mayores probabilidades de conducirte a las recompensas materiales que deseas.

7. **Entra en "la onda":** atraer personas y oportunidades a tu vida es el resultado de tu consciencia. Al comenzar nuestro peregrinaje tendemos a pensar que debemos apretar los dientes y luchar hasta lograr el deseo de nuestro corazón. Pero cuando estamos en la corriente de la vida manifestamos mucho más fácilmente lo que deseamos, es como dirigir un bote por un río. Pero estar en la corriente no es lo mismo que ser pasivo y quedarse sentado. Aún así te esfuerzas pero ves que cuando eres positivo y buscas tu camino "correcto", las cosas caen en su lugar. Conoces personas que te ayudan a avanzar. Claro que encuentras obstáculos pero sabes que los superarás. Es sólo cuestión de tiempo. Si estás tenso y luchando, probablemente te hallas "fuera de curso" y debes hacer algunos ajustes.

Por favor no cometas el error de pensar que este artículo se trata únicamente de plenitud espiritual y emocional; los principios aquí expuestos también te traerán éxito material. Mi meta principal es hacer que pienses de qué manera estos principios funcionan en tu vida y si es necesario que hagas algunos cambios para vivir aún más exitosa y satisfactoriamente.

Un punto final: el hecho como tal de alcanzar el deseo de tu corazón no siempre es tan emocionante como lo anticipaste. El gozo verdadero está en las actividades que realizas a diario, en lo que aprendes y en lo que llegas a ser durante el recorrido. ¡Es un viaje de crecimiento y satisfacción del que no querrás perderte!

6

¿El conformismo te está reteniendo?

"Perdemos tres cuartos de nosotros mismos por ser como otras personas".
Arthur Schopenhauer

En 1971 el cantante Rick Nelson fue uno de los intérpretes en un concierto de resurgimiento del Rock que tuvo lugar en el Madison Square Garden en la ciudad de New York. Cuando llegó el turno de su presentación, Rick Nelson cantó algunas de sus "viejas" canciones exitosas, música que sus admiradores habían llegado a amar y esperaban. Luego cantó parte de su material reciente, que era muy diferente a su otra música. Tras escuchar las nuevas canciones, el público abucheó y enérgicamente mostró su inconformismo. Nelson se sintió ofendido y frustrado. Basado en esta experiencia en el Garden, escribió la canción "Garden Party", la cual se convirtió en un gran éxito en 1972.

La canción enseña una importante lección: no tenemos que actuar conforme a las expectativas de los demás. En 1971 los admiradores de Rick Nelson querían que él tocara sólo las "viejas". Él quería diversificar y probar cosas nuevas. La canción contiene esta letra muy conocida: "No vas a complacer a todo el mundo, así que tienes que complacerte a ti mismo".

Esta canción no exalta las virtudes de ser egoísta o ignorar los deseos de quienes te rodean. Más bien, se trata de ser leal contigo mismo, así a algunas personas no les agrade.

La definición de "conformar" en el diccionario dice que es "ajustar, concordar algo con otra cosa".

Examinemos un poco más de cerca el concepto de conformidad. No podemos negar que pasamos la mayor parte de nuestra vida conformándonos a estándares trazados por otras personas. Eso no necesariamente es algo malo. De hecho, es completamente esencial para el buen funcionamiento de la sociedad. La mayoría de nosotros se ajusta a leyes y estándares éticos. Todos los días usamos zapatos, camisas u otras prendas de vestir, así no se nos hubieran ocurrido esas ideas a nosotros. En la escuela, nuestros hijos aprenden a levantar su mano antes de hacer algún comentario. Todas estas "costumbres" mejoran nuestra coexistencia y hemos decidido seguirlas.

Sin embargo, no todos los actos de conformidad nos son útiles. Miremos algunas de las formas como nos conformamos y veamos si nuestra vida mejora o se ve impedida al hacerlo:

Sistemas de creencias: desde que nacemos nos vemos influenciados por el sistema de creencias de quienes nos rodean. Y en la mayoría de los casos hemos adoptado como propios tales sistemas. ¿Tus padres corrían riesgos? ¿Tú corres riesgos? ¿Alguno de tus padres tenía una actitud positiva? ¿Cómo describirías tu actitud? Apuesto que estás comenzando a ver una conexión. Cualquiera que sean las creencias que te hayan sido transmitidas, la pregunta crucial es: ¿mejoran o le restan ellas valor a tu vida?

Tus puntos de vista en cuanto al dinero, matrimonio y una cantidad de otros temas, frecuentemente son el resultado de lo que te enseñaron, contrario a lo que crees de acuerdo a tus criterios. Pero ahora que lo sabes, depende de ti elegir si sigues viviendo según esas creencias o si eliges algo diferente.

Elección de profesión: algunas personas son directamente presionadas a elegir una profesión o reciben un sutil mensaje en ese sentido. Yo tuve unos padres maravillosos que nunca me dijeron qué profesión elegir. Con todo, ellos crecieron durante la Depresión y la seguridad estaba en los primeros lugares de su lista de valores. Así que me animaron a ir a la universidad y convertirme en un "profesional". "Obtén un título y nunca te lo podrán quitar". Así que "elegí" ser abogado. No fue sino hasta más o menos una década después, que junto con mucha búsqueda interior, me embarqué en un camino profesional diferente como escritor y orador motivacional.

Al recordar, es evidente que actué conforme a los deseos de mis padres. En la mayoría de los casos, ellos nos guían en una dirección en particular porque nos aman y piensan que sería lo mejor para nosotros. Pero como adultos debemos preguntarnos si estamos viviendo basados en los deseos de otra persona o si estamos siguiendo nuestros propios deseos. Si tienes hijos, ¿qué mensajes les estás dando respecto a sus opciones profesionales?

Comportamiento: considera la forma en que se comportan los adolescentes. Debido a la presión de grupo los jóvenes son cautelosos respecto a su comportamiento y a sus compañías. Ser popular y aceptado es muy importante para ellos. Así que suele ser inadmisible asociarse con quienes no son parte del "grupo". Los adultos también jugamos a lo mismo. Pertenecemos a grupos y organizaciones que tienen ciertas tradiciones, jerarquías y normas con las que estamos o no de acuerdo. Pero con frecuencia cerramos la boca y nos conformamos. Después de todo, no queremos "agitar las aguas".

¿Cómo te sientes cuando te conformas con prácticas que, en el mejor de los casos, no tienen sentido y en el peor de los casos son contraproducentes? No necesitas "discrepar con todo el mundo" ni decir todo lo que sientes respecto a aquello con lo que no estás de acuerdo. Sin embargo, hay momentos en los que asumir una posición conducirá a un cambio positivo y te sentirás mucho mejor contigo mismo por haber hablado.

Vestuario y apariencia: ésta es una de las áreas en las que más nos conformamos. De nuevo, casi todo lo que usamos se basa en un estándar trazado por otra persona. ¿Alguna vez has pensado en la manera como hacemos nuestros los patrones de otros, como los diseñadores de modas? Ellos nos dicen que las corbatas anchas están "in" así que vamos y compramos corbatas anchas. Al año siguiente dicen que las corbatas angostas están "in", así que vamos y las compramos. La gente mira los peinados de las celebridades y entonces van y copian esos estilos. ¿De verdad esto tiene sentido para ti?

Puedes decir que en los negocios y en nuestra vida personal tenemos que interactuar con los demás y si no seguimos ciertos estándares, entonces los demás no nos verán con agrado. Tienes toda la razón. Sin embargo, depende de nosotros decidir los alcances de este acuerdo silencioso y hasta qué punto estamos dispuestos a perder nuestra individualidad.

Te daré estas observaciones finales con respecto al tema. Para comenzar, ten un poco más de tolerancia con quienes piensan y actúan diferente a como tú lo haces. Celebra su singularidad y aprende de ellos. Segundo, piensa un poco en cómo el conformismo impacta tu vida. Cuando te conformas, corres el riesgo de rendir tu verdadero yo. Piensas y actúas según lo que otros dicen. Le das la espalda a tu individualidad y le niegas al mundo el beneficio de tus talentos y puntos de vista únicos.

Así que, mira atentamente aquello con lo que te conformas. Conserva lo que te sirve. Pero cuando cada parte de tu ser se rebele contra lo que estás pensando y haciendo, ten el valor de romper con la conformidad y traza tu propio camino. Al hacerlo, probablemente descubras mucho acerca de ti mismo y de la vida para la cual estás destinado.

7

¡La energía vende!

*"Si eres positivo y entusiasta,
la gente querrá pasar tiempo contigo".*

Jeff Keller

Estás viendo televisión y al ir pasando canales te encuentras con lo que reconoces de inmediato como un "infomercial". Hay un hombre en la pantalla hablando de todo lo fenomenal de un nuevo producto. Casi no puede contener su entusiasmo. Luego la cámara hace tomas de personas que han usado el producto. Hablan sonrientes acerca de todos los beneficios de este artículo.

¿Sigues pasando canales? No, por alguna extraña razón sigues viendo el infomercial. En cierto punto sientes que quieres sacar tu tarjeta de crédito y hacer tu orden. Luego entras en razón y te dices a ti mismo: "¿Con qué frecuencia voy a necesitar un cuchillo para cortar mis zapatos de cuero?".

¿Por qué observaste el infomercial por varios minutos? Te cautivó la energía de las personas que veías. Lucían tan increíblemente dinámicas y entusiastas. Y ¡la energía vende!

La energía vende no sólo cuando estás tratando de persuadir a alguien para que compre tu producto o servicio. También vende cuando se trata de relaciones interpersonales. Digamos que estás sentado a la mesa, cenando con algunas personas a quienes nunca has conocido. Miras a tu izquierda y ves a alguien que, en tu opinión es físicamente atractivo. Miras a tu derecha y ves a otra persona que tiene un aspecto "promedio".

Luego, comienza la conversación a la mesa. Resulta que la persona "atractiva" tiene una personalidad muy aburrida y muestra muy poca energía. En cambio la persona de apariencia "promedio" habla con entusiasmo acerca de su profesión y experiencias de viajes. Te quedas cautivado y embelesado. Después de la velada, ¿la persona "promedio" no te parecerá mucho más atractiva de lo que pensaste inicialmente, mientras que la persona "atractiva" ya no lo es tanto? Claro que sí.

Cuando eres energético, logras estos beneficios:

- Los demás querrán estar cerca de ti.

- Serán más receptivos a tus ideas.

- Tendrás más probabilidades de vender tu producto o servicio.

Creo que todos tenemos la capacidad para aprovechar la amplia oferta de energía escondida en nuestro interior. A continuación te daré las directrices que te ayudarán a irradiarla:

1. **Sigue tu pasión.** El principal factor para aprovechar tu energía es participar en cosas que disfrutas hacer. Lo ideal es que trabajes en un campo que realmente te emocione y te haga querer ir a trabajar todos los días. No estoy diciendo que tienes que renunciar a tu empleo si no te gusta tu actual cargo o línea de trabajo. Pero es crucial que encuentres una salida, así sea un pasatiempo, para que tengas la opción de participar en actividades que te estimulen. Si llenas tus días con eventos aburridores o trabajos penosos, estás limitando tu energía.

2. **Anímate más.** El movimiento es mágico. Si miras los niños, ellos son muy animados y emocionados. Pero con los años aprendemos a reprimir nuestra exuberancia natural. Cuando eso sucede nuestra energía se reduce. Así que relájate y no seas rígido cuando te expreses. Deja que tu entusiasmo brille.

3. **¡Ríe!** El humor es un gran estimulante. Así que cuando alguien diga algo chistoso, no temas reír. Igualmente, no escondas tu

sentido del humor nato. Casi todo el mundo responde bien a la risa así que te hará sentir mejor y más energizado.

4. **Hazlo a tu manera.** ¡Ser más energético no quiere decir que tienes que ser ruidoso! Desarrolla tu propia clase de energía. La verdad es que cuando desarrolles más energía y carisma tendrás que cambiar en ciertos aspectos. Pero en la mayoría de los casos no abandonarás por completo tu personalidad original.

5. **Cuida tu salud física.** Ésta se explica por sí sola. Si tienes malos hábitos alimenticios, no descansas lo suficiente y no haces ejercicio, no deberías sorprenderte si tienes poca energía. Debes cuidarte físicamente para maximizar tu energía.

Entonces, ¿en verdad quieres que los demás respondan más favorablemente a tus ideas y a tus presentaciones de ventas? Si así es, sigue los estimulantes de energía descritos anteriormente y encontrarás que ¡más y más personas creerán en TI!

8

¿Qué tan confiable eres?

"A medida que envejezco, le presto menos
atención a lo que los demás dicen.
Sólo observo lo que hacen".

Andrew Carnegie

¿**C**umples tu palabra? No respondas demasiado rápido, la verdad puede sorprenderte. Cuando hablo de cumplir tu palabra lo que realmente quiero decir es: ¿Si dices que vas a hacer algo, lo llevas a cabo y lo haces? *¿En el periodo de tiempo que prometiste?* Consideremos las siguientes afirmaciones:

1.   Hoy te enviaré el cheque.

2.   Mañana te enviaré por correo electrónico la propuesta y la cotización.

3.   La próxima semana te llamaré para que nos encontremos para almorzar.

Asume que es **lunes** y dices cada una de las tres afirmaciones anteriores. Cumples tu promesa de la afirmación uno, solamente si envías el cheque el lunes. Si envías el cheque el martes o el miércoles, entonces no has cumplido tu promesa. Si no has enviado la propuesta ni la cotización por correo electrónico al final del día el martes, tampoco has cumplido tu palabra. En cuanto a la afirmación número tres, la mayoría de nosotros confesaría que de vez en cuando no la cumple. Decimos cosas como "tenemos que vernos para almorzar" o "tienes que venir en algún momento", cuando sabemos muy bien que no vamos a darle seguimiento ni a hacer planes para reunirnos.

En este punto probablemente estás diciéndote a ti mismo: "¿Cuál es el problema?". ¿De verdad importa si envío el cheque el miércoles en lugar de hacerlo el lunes o si envío la propuesta por correo electrónico el jueves en lugar de hacerlo el martes? Creo que sí hay una GRAN diferencia y éstas son las razones.

CONSECUENCIAS NEGATIVAS AL INCUMPLIR TU PALABRA

A. Cada afirmación incierta que haces mina tu credibilidad. No subestimes la importancia de la confiabilidad. A la gente le gusta hacer negocios con personas con quienes es seguro contar, que hacen *exactamente* lo que dicen que van a hacer. Cuando haces afirmaciones y no cumples con cosas "pequeñas", los demás tienden a creer que tampoco vas a cumplir con las más "importantes".

B. "Casi" no es suficiente si quieres lograr máximos resultados. A lo mejor piensas que lo estás haciendo bien porque tu conducta se *aproxima mucho* a cumplir con tus promesas. Si ese es el caso, el mensaje que estás enviando es: "Cuando te digo algo no debes confiar que voy a hacer *exactamente* lo que dije, sino que voy a llegar muy cerca". Si usas ese método no esperes tener tanto éxito como podrías si cumplieras cabalmente. Es cierto que algunas personas aceptarán tus afirmaciones no tan precisas. Pero sin duda a otros no les agradará ni querrán hacer tratos contigo.

C. Lo que consideras como de menor importancia, puede ser crucial para otra persona. Por ejemplo, aunque para ti no sea cuestión de "vida o muerte" si envías la propuesta y la cotización el miércoles en lugar de hacerlo el martes, posiblemente para tu cliente potencial tiene un significado muy diferente. Si por ejemplo, tu cliente pudo haber solicitado dos propuestas y la tuya es la última a considerar y tú dijiste que tu propuesta llegaría el martes, el cliente planeó tomar una decisión final el martes en la noche. Pero como tu propuesta no llegó a tiempo, el cliente tomó la decisión sin considerarla.

Mientras tanto, has desperdiciado todo el miércoles creando una propuesta espectacular... todo para nada. Recuerda, un cliente potencial no siempre te comunicará sus planes. Sin importar cuánta investigación y preparación hagas, no hay manera de saber todo lo que está pasando en la mente de la otra persona. Por lo tanto, desviarte de tus promesas, así sea levemente, puede tener serias consecuencias.

D. Cuando no cumples con entregar según lo prometido, generas estrés y molestias para los demás. A veces menospreciamos el efecto onda de nuestras promesas. Al fin de cuentas, los demás hacen planes y promesas basados en la precisión de nuestras declaraciones. Si les incumplimos, ellos tendrán que incumplirles a otros. Por ejemplo, digamos que uno de mis acreedores me está presionando para un pago. No hay problema, *tú dijiste* que me enviarías un cheque el lunes por medio de un servicio de entrega al día siguiente. Yo supongo que haré el depósito de tu pago el martes y le digo a mi acreedor que pase por un cheque a mi oficina el martes. Cuando tu cheque no llega el martes, yo tengo que explicarle a mi acreedor que le voy a incumplir.

Estas situaciones son estresantes y vergonzosas. Cuando eres fiel a tus promesas, les facilitas la vida a quienes cuentan contigo, eres un reductor de estrés en lugar de ser un generador de estrés.

PASOS A SEGUIR PARA MEJORAR

El objetivo de este artículo no es hacerte sentir culpable o deprimido respecto al incumplimiento de tu palabra. La realidad es que nadie cumple el 100% de sus promesas todo el tiempo. Aún así, el objetivo no es alcanzar la *perfección*, sino mejorar.

Todos tenemos la capacidad de mejorar en esta área y deberíamos *comenzar aceptando en qué punto nos encontramos ahora mismo*, a la vez que nos comprometemos a ser más confiables. A continuación encontrarás unos pasos a seguir para ayudarte a lograr avances significativos para mantener tu palabra de una forma más consistente.

1.   **Toma cada afirmación como una promesa.** Pocas personas consideran sus afirmaciones como férreas promesas que deben cumplir. Aún así, esta inclinación aportará significativamente a tu éxito y a tu habilidad de lograr la cooperación de otros. Así que, de ahora en adelante, cuando una declaración salga de tu boca, es *una promesa* que debes cumplir. Desde hoy en adelante, si no tienes la intención de hacer algo, ¡no digas que lo vas a hacer!

2.   **Disminuye tus palabras hasta que sean consistentes con tus acciones.** Deja de prometer que vas a hacer algo dentro de uno o dos días cuando sabes que tomará una semana. Es aquí donde la mayoría de personas se tropiezan. Dicen lo que los demás quieren oír (por ejemplo: "Su orden estará lista en dos días"), creyendo que esto generará una impresión favorable, lo cual es cierto hasta que fallan en cumplir su promesa. Estar "ocupado" no es razón para incumplir tu palabra. Ten presente que estás ocupado antes de comprometerte con cualquier cosa. Di únicamente aquello que sabes que puedes cumplir.

3.   **Si no puedes cumplir con tu fecha límite, avísale a la otra parte** *antes* **que se venza el término.** Es sentido común ¿cierto? Puedes pensar que sí. Pero con frecuencia menospreciamos esta sencilla cortesía. Finalmente se presentarán ocasiones en las que, a pesar de tus mejores esfuerzos, o debido a circunstancias de emergencia fuera de tu control, no podrás cumplir tu promesa. En estas instancias, contacta a la otra parte antes que pase el vencimiento del plazo y explícale la situación y vuelve a comprometerte con otra fecha límite en un futuro cercano. Nueve de cada diez veces, la otra parte será comprensiva y apreciará que hayas tomado con tanta seriedad la fecha inicial y que hayas sido lo suficientemente profesional como para llamar a reprogramar.

A propósito, es una mala estrategia guardar silencio y esperar que no lo noten. Créeme, lo notarán. Así te digan algo o no en este momento, desde ahora en adelante pensarán de ti como alguien que no es confiable.

Al cumplir con tu palabra de forma consistente, vas a sobresalir entre la multitud. Los demás te respetarán y querrán hacer negocios contigo. Y tendrás muchos referidos. Piénsalo: ¿no te gusta hacer negocios (y asociarte) con personas que son dignas de confianza y honestas?

Más importante aún, cuando tus acciones armonicen con tus promesas, ganarás gran respeto propio. Actuarás con integridad, te sentirás mejor y te desempeñarás de manera superior.

Entonces, ¿estás listo para comprometerte a mejorar en esta área? ¿Dijiste "SÍ"? ¿Tengo tu palabra?

9

El diablo no te obligó a hacerlo

"¿Qué pasa si tomas tu vida en tus propias manos?
Algo terrible: no hay nadie a quien culpar".

Erica Jong

En este país entramos en crisis cuando se trata de aceptar responsabilidades personales. Parece que ya nadie quiere rendir cuentas de nada. Sintoniza cualquier programa de entrevistas y todo lo que verás son personas culpándose mutuamente por su difícil situación. Siempre gritan diciendo que su vida está arruinada por culpa de sus novios, ex esposas o padres. Nunca he escuchado a ninguno de los invitados decir: "Yo armé este enredo en mi vida. Todo es mi culpa".

Otro hecho molesto es la avalancha de demandas que vemos hoy en día. Si nos caemos en el supermercado, demandamos a la tienda. Si nos resbalamos sobre la acera, demandamos al dueño de la propiedad. Probablemente en este aspecto tenga un punto de vista radical, pero he encontrado que cuando alguien se cae, por lo general no es culpa del dueño de la propiedad, sino de la persona que se cayó por no ser cuidadosa. La nueva regla en nuestra sociedad parece ser: si algo sale mal en mi vida, demandaré a alguien.

Pensé haberlo visto todo hasta que...

Hace muchos años leí sobre una demanda presentada por un hombre de 56 años en New York. El demandante, el Sr. Barber, demandó a cuatro cadenas de comida rápida alegando que había engordado y sufría de otros serios problemas de salud por consumir sus alimentos grasos. Él dijo: "La industria de la comida rápida arruinó mi vida".

¿Qué podía justificar tal pleito? ¿Acaso los empleados de McDonalds irrumpían en la casa del Sr. Barber todos los días, lo sujetaban y lo obligaban a comer Big Macs y papas fritas? No, eso no sucedió así. El Sr. Barber eligió consumir comidas rápidas con frecuencia y luego buscó culpar a las cadenas de comidas rápidas por sus ataques cardiacos, el aumento de su tensión arterial y su elevado colesterol.

El abogado del Sr. Barber dijo que las compañías de comidas rápidas engañan al público al no decir que este tipo de alimentos es perjudicial para la salud. ¡Vamos! ¿Es posible llegar a la edad de 56 años en esta sociedad y de verdad creer que las hamburguesas y las malteadas de chocolate tienen el mismo valor nutricional que el brócoli? Cualquier niño de 10 años sabe que los trocitos de pollo, las papas fritas y los pasteles de manzana calientes no son alimentos saludables.

Probablemente, demandas como esa eran de esperarse. Después de todo, la gente eligió fumar, afectó su salud y tuvo éxito demandando a las compañías tabacaleras. ¿De quién *crees* que es la responsabilidad? ¿De las empresas tabacaleras que vendían cigarrillos? ¿O de los fumadores que eligieron fumar conociendo los riesgos para la salud? ¿Qué vendrá luego? ¿Demandar a las empresas productoras de helados si consumo demasiados helados con chocolate caliente? ¿Demandar a los productores de cerveza si bebo cerveza desmedidamente? ¿Demandar a las municipalidades que conservan las playas si me hago una herida en el pie con una concha mientras camino en la arena?

Ahora, no me malinterpretes. Respaldo completamente que las corporaciones asuman la responsabilidad de advertir al público sobre el potencial de ciertos problemas. Si alguien oculta información que es perjudicial para la salud o malinterpreta la verdad, debe ser castigado como corresponde. Por ejemplo, queremos que los dueños de

propiedades mantengan las instalaciones seguras y libres de peligros.
Pero hemos llevado esto demasiado lejos culpando cuando no somos
cuidadosos o tomamos malas decisiones.

Esta evasión de responsabilidad ejerce más influencia de la que
podrías pensar. Sin ni siquiera saberlo, estamos siendo condicionados
a culpar en lugar de hacer elecciones más sabias. Y esta perspectiva
nos mantiene estancados e impide que obtengamos los resultados
que deseamos.

Antes que te unas a los que critican al Sr. Barber y a todos aquellos que son como él, reconozcamos que *todos* caemos en la trampa
de asignar culpas debido a nuestras estrategias poco efectivas. Yo no
soy la excepción. Y apuesto que en tu vida también hay algo que no
está saliendo como lo deseas. Y en lugar de responsabilizarte y hacer
ajustes, estás culpando a otra persona, probablemente a tu esposa o
tu jefe, por tu falta de éxito.

Probablemente tu empresa no ha crecido según lo planeado y
estás convencido de que el problema es la lenta economía. A lo mejor
no estás haciendo suficiente ejercicio y le atribuyes eso al hecho de que
estás demasiado ocupado. Incluso las personas más exitosas tienen
lo que yo llamo "bolsillos de irresponsabilidad". En otras palabras,
en gran parte de su vida asumen posturas proactivas pero en otras
áreas culpan a alguien o a algo ajeno a ellas por su falta de progreso.

¿Te sientes estancado o que no has obtenido los resultados que
deseabas en algunas áreas de tu vida? De ser así, el diagrama de la
página siguiente te será útil. En la columna de la izquierda haz una
lista de varios objetivos con los que has estado luchando últimamente.
En la columna de la mitad identifica los obstáculos que te impiden
alcanzar esa meta. En la comuna de la derecha haz una lista de los
pasos que darás de inmediato para avanzar en la dirección deseada.

Qué deseo lograr	Obstáculos para lograrlo	Qué necesito hacer para lograrlo

Si sientes que no hay absolutamente nada que puedas hacer, entonces renuncia a ese objetivo, o, por lo menos, deja de lamentarte por eso. Estás desperdiciando energía innecesariamente.

Cuando veas que un compañero de trabajo o un amigo asignan culpas por algo, llévalos de vuelta hacia posibles soluciones a sus dilemas. Anímales a asumir responsabilidades. Cuando estés frustrado con algo en tu vida, no pienses en culpas ni en excusas. Culpar a otros e inventar excusas no mejorará tu situación. Además dudo que encuentres una solución mágica con una demanda. Cada uno de nosotros ha sido bendecido con una mente poderosa y creadora que tiene la capacidad de hacer mucho más que aquello por lo que le damos crédito. Como lo dijo Winston Churchill: "El precio de la grandeza es la responsabilidad". Asume responsabilidad y avanza en el camino hacia la grandeza.

10

Cómo desarrollar una perspectiva saludable

"No te preocupes por pequeñeces".
Richard Carlson

Todo el mundo tiene problemas de vez en cuando. Pero la forma como cada persona reacciona ante sus problemas varía ampliamente. Tomemos el ejemplo de dos conductores que sufren un pinchazo en su camino al trabajo. El día del primero se ve arruinado: por horas murmura de su mala suerte culpando a lo que sea y haciendo muy poco en el trabajo. Pero el otro conductor trata el pinchazo como un inconveniente menor: hace que le reparen su neumático y rápidamente avanza prosiguiendo a tener un día agradable y productivo.

Cada uno tuvo el mismo problema. Entonces ¿por qué un conductor se enfadó tanto mientras que el otro manejó la situación con facilidad? Lo que los diferenció fue su *perspectiva*.

El diccionario define perspectiva como "la capacidad de ver las cosas en su verdadera relación o importancia relativa". Piensa en las personas que conoces. ¿Tienes amigos o compañeros de trabajo que constantemente se fijan en pequeñeces sin sentido, como por ejemplo quién tiene la ventana más grande en la oficina? ¿O quienes rompen lazos con familiares cercanos debido a una disputa sobre la disposición de los asientos en una boda? ¡Es evidente que ellos han perdido de vista la "importancia relativa" de las cosas!

Muchas personas exageran sus problemas sacándolos de proporción, dedicándole valiosa energía mental a situaciones que no conllevan consecuencias de "vida o muerte". Prácticamente todos caeremos en esta trampa en algún momento, pero quienes le dedican la menor cantidad de tiempo a obsesionarse con circunstancias triviales, son más propensos a lograr mucho más y a ser más felices en el proceso.

Sin embargo, la perspectiva abarca más que sólo mantenerse alejado de molestias menores y sugiere que has considerado tu lugar en el mundo y ves "el cuadro completo". A medida que amplíes los lentes de tu percepción, tendrás menos tensión, mejorarás tu actitud, desarrollarás una perspectiva más aguda respecto al significado de tu vida y es más probable que también disfrutes del éxito material. La pregunta entonces es: ¿*cómo* logramos desarrollar más perspectiva?

Bueno, una manera segura es encontrando y superando la adversidad. Tratar con situaciones difíciles te deja con una nueva perspectiva acerca de lo que realmente es importante en tu vida. Por ejemplo, si enfrentas una enfermedad mortal, un mal servicio en un restaurante ya no parecerá crucial.

Afortunadamente no tienes que esperar una gran catástrofe para lograr perspectiva. Las siguientes son unas sugerencias útiles de implementar de inmediato para ampliar tu perspectiva:

1. **Mira tu problema en el contexto del trascurso de tu vida.** Pregúntate: ¿Qué tan importante es esta dificultad en el esquema general de las circunstancias? ¿Qué importancia tendrá en diez años? Bien, así que tienes una fuga en tu baño. Ésta no afectará de manera significativa el resto de tu vida. O digamos que fracasa una venta potencial. Seguro, te sientes decepcionado pero no es el fin del mundo. La clave es ver el problema como lo que es en realidad y no dejar que domine tu pensamiento durante todo un día, semana o mes.

2. **Piensa a menudo en cómo encajas en el "cuadro completo".** Pregúntate: ¿*Por qué estoy aquí? ¿Cuál es mi misión en la vida?*

¿Estoy siguiendo mi propósito? ¿Me estoy resistiendo a un camino que continuamente me atrae? Éstas no son preguntas tontas filosóficas que sólo se aplican a Platón y Sócrates. Soy el primero en admitir que nunca solía pensar en esos asuntos pero ahora lo hago... y ha enriquecido tremendamente mi vida. Cuando comiences a contemplar estas preguntas, les prestarás menos atención a las pequeñas molestias y podrás pasar más tiempo en cosas que te ayudarán a ser una mejor persona y a hacer un aporte más significativo.

3. **Despierta a los milagros que te rodean.** Ya sea que te hayas dado cuenta o no, eres parte de un Universo extraordinario. Cada segundo suceden cosas espectaculares y alucinantes. Por ejemplo, tú respiras, tu corazón late y digieres alimento, todo sin un esfuerzo consciente. Todos y cada año, los tulipanes saben cuándo brotar del suelo precisamente en el momento correcto. La Tierra gira, el Sol se eleva y se oculta, las estaciones cambian. Todo es parte de un maravilloso e interminable ciclo. ¡Así que, sacude tu actitud indiferente y comienza a apreciar la asombrosa inteligencia que dirige este Universo!

4. **Sé abierto a la idea de que todo sucede por una razón.** Si dudas de este principio, busca y habla con personas, que según tú, sean positivas y exitosas y en quienes además observes paz mental. Pregúntales si creen que las cosas suceden por algún motivo. Luego pídeles a quienes te respondan con un entusiasta "SÍ" que te expliquen por qué sienten de esa forma.

5. **Extiéndete hacia otros.** Tenemos la tendencia a quedarnos atascados en nuestros propios problemas, mirando hacia adentro, deprimiéndonos y frustrándonos. Hallar maneras de servir y ayudar a otros te ayudará a sentir mejor y ampliará tu entendimiento acerca de la interconexión que hay entre todos los seres humanos. Incluso algo tan simple como decirle unas pocas palabras de ánimo a alguien logra hacer una gran diferencia, para ellos y para ti.

6. **Interactúa frecuentemente con quienes enfrentan retos serios.** Por ejemplo, ofrece servicio voluntario cada semana en un hospi-

tal local y pasa tiempo con quienes están enfermos. O dona de tu tiempo sirviendo alimentos en un comedor de beneficencia. ¡En cualquiera de los casos, estarás ayudando a otros mientras que al mismo tiempo te das cuenta de lo favorable de tus circunstancias!

7. **Redirige tu enfoque hacia las muchas bendiciones que hay en tu vida.** ¿Tienes buena salud? ¿Tienes tu vista y movilidad? ¿Hay un techo sobre tu cabeza y suficiente alimento en el refrigerador? Hay muchas personas que no disfrutan de estos dones y que gustosamente cambiarían contigo de lugar. Así que concéntrate en las muchas cosas por las cuales estás agradecido. Para reforzar esta idea, toma una tarjeta de notas y escribe "Cuento mis bendiciones" o "Tengo mucho por lo cual agradecer". Pon la tarjeta donde la veas con frecuencia, como en tu escritorio, en tu auto o en el espejo del baño.

8. **Rodéate de personas que tengan una cosmovisión saludable.** Nuestras compañías tienen influencia sobre nosotros. Por eso trata de pasar más tiempo con personas, ya sean amigos, familiares o compañeros de trabajo que demuestren poner las cosas en perspectiva. Esta clase de personas rara vez se queja, fácilmente diferencia lo que es importante y lo que no y es agradable tenerles cerca.

9. **Mira a cada problema como una oportunidad para crecer.** Con mucha frecuencia vemos nuestras dificultades como experiencias negativas que llegan para castigarnos y causarnos dolor. Si recuerdas tu vida, encontrarás que muchos problemas y situaciones dolorosas te condujeron a un crecimiento personal y a mejores condiciones. Probablemente perdiste un empleo, lo cual a su vez te llevó a un mejor cargo. O después de cortar con una relación encontraste otra más satisfactoria. Así que desarrolla la firme convicción de que la "mala" experiencia viene para ayudarte de alguna manera. No maldigas tu reto, en lugar de eso, busca las lecciones u oportunidades que te presentan tus problemas.

10. **¡Cuida tu boca!** ¿Con frecuencia te quejas y lamentas o le transmites tus enfermedades y menores molestias a cada persona con quien te encuentras en tu camino? Quejarse refuerza tus

problemas, te hace sentir más miserable y te aísla de los demás. En lugar de eso busca algo positivo en tu vida o en la vida de otra persona para hablar al respecto.

11. **Cultiva tu conexión espiritual.** He visto que la gran mayoría de personas que tiene una cosmovisión saludable, tiene firmes creencias espirituales. Si no se cree en un Poder Superior, gran parte de la vida parecerá cruel y sin propósito. A medida que te sintonizas con tu naturaleza espiritual, ganas un sentido de propósito, recibes más orientación intuitiva y puedes ver las razones detrás de los patrones de tu vida. Cada uno de nosotros, en el fondo, anhela desarrollar una conexión con un Poder Superior porque nos da seguridad, confianza y paz mental.

12. **Lee a diario literatura que expanda tu perspectiva.** Puede ser un libro espiritual como La Biblia o historias de personas que han superado tremendos obstáculos. Sigue leyendo todo lo que desarrolle tu fe, amor y fortaleza. La clave es la repetición diaria.

13. **Ponte en entornos físicos en los que puedas "alejarte" del estrés diario.** Cambiar tu entorno te da un punto de vista fresco y relajado. Probablemente te guste sentarte en la playa o dar una caminata por el bosque. Encuentra paisajes que te permitan liberar tensión y pensar creativamente; ve allá lo más frecuentemente posible.

14. **Haz ejercicio.** Además de los beneficios físicos para el cuerpo, el ejercicio proporciona liberación de estrés y aclara nuestro pensamiento. Me asombran quienes dicen "no tengo tiempo para ejercitarme". ¡Es como decir "no tengo tiempo para ser saludable"! El ejercicio hace maravillas para alejar de tu mente los problemas y te capacita mucho mejor para manejar el estrés cuando se presente. Así que incluye el ejercicio en tu horario ¡*hoy*!

15. **Relájate y sonríe.** Nos tomamos muy en serio a nosotros mismos y a nuestras actividades. Encuentra humor en cada situación diaria y, aún más importante, dispueste a reírte de ti mismo. El mismo hecho de sonreír y reír nos hace sentir mejor físicamente y reduce la tensión.

16. **Simplifica tu vida y restablece el equilibrio.** Es fácil decirlo pero no es fácil implementarlo. A veces nos extendemos demasiado asumiendo muchas responsabilidades o proyectos. Ignoramos nuestros seres queridos o incluso nuestra propia salud. Así que probablemente sea hora de decir "NO" al siguiente proyecto o situación que demanden tu tiempo. ¿Qué es más importante: otra asignación del comité de voluntarios o pasar tiempo con tus hijos?

Mientras vas ganando perspectiva, encontrarás que tu lista de lo que realmente es importante seguirá estrechándose. A medida que maduramos tenemos la tendencia a desarrollar una perspectiva más amplia, pero habrá momentos en los que nos preocuparemos con nuestras dificultades y no tendremos posibilidad de ver los asuntos más grandes. Por lo tanto, constantemente debemos trabajar en ese aspecto.

Sí, conservar la perspectiva requiere disciplina. ¡Pero los beneficios (menos tensión, mejores relaciones, mayor paz mental y más) bien valen el esfuerzo!

11

¿Qué significa "creados iguales"?

*"Para mí no hay diferencia
entre presidente, mendigo o rey".*
El Dalai Lama

E scrita en 1776, la Declaración de Independencia, sigue siendo uno de los documentos más importantes jamás creados. Probablemente sabes que incluye lo siguiente:

"Tenemos estas verdades como evidentes por sí solas, que todos los hombres son creados iguales; que son dotados por su Creador de ciertos derechos inalienables, entre los cuales están la vida, la libertad y la búsqueda de la felicidad".

¡No te preocupes, no voy a hacer un examen de Historia! En lugar de eso, quiero invitarte a explorar el concepto de "todos los hombres son creados iguales". A primera vista, parece ser una de esas profundas verdades que son casi imposibles de negar. Pero, ¿cuántos de nosotros tratamos a los demás de acuerdo con ese principio? ¿Administramos nuestra empresa o nuestra vida aplicando el principio de "todos los hombres son creados iguales"? Muy a menudo, nuestras acciones muestran que en realidad no creemos en ese principio. Confieso que yo también me quedo corto.

LA PERSPECTIVA ESPIRITUAL

Imagina que tus días en la Tierra han llegado a su fin. De repente estás cara a cara con Dios, quien te dice lo siguiente: "Durante tu vida trataste mucho mejor a las personas con dinero y títulos que a quienes no tenían mucho dinero o estatus. ¡Felicitaciones! Por lo visto entendiste que no valoro igual a cada persona y que favorezco a quienes han obtenido bienes o tienen grandes oficinas".

¿Crees que exista alguna posibilidad de que llegues a escuchar eso? No, porque en el centro de tu ser sabes que todas las personas SON creadas igual y que el Creador que te dio vida, también creó a cada persona que se cruza por tu camino.

Entonces ¿cómo se traduce este principio al mundo real? A continuación hay algunos ejemplos:

Creación de redes y eventos sociales. En una reunión de creación de redes, una mujer con quien estás hablando de repente ve a otra persona en el salón que —aparentemente— es "más importante" que tú y termina abruptamente su conversación contigo para acercarse a esa persona. ¿Cómo te hace sentir su acción? Puedes decir que "así son los negocios" y que la gente va a reuniones de creación de redes para conseguir nuevos clientes, no para perder el tiempo. Aún así su actitud de "NO todo el mundo es igual" da la impresión de ser descortés.

No estoy diciendo que debes pasar la misma cantidad de tiempo con todo el mundo en estos eventos. Sugiero que trates a cada persona que conozcas con el mismo nivel de sinceridad, profesionalismo y cortesía habituales. No sólo te vas a sentir mejor contigo mismo, sino que la forma como tratas a los demás casi siempre determina la manera como los demás te tratan a ti. Cosecharás lo que has sembrado. Trata a los demás como si no merecieran tu respeto y también te tratarán de la misma forma.

Interacción con compañeros de trabajo. ¿Puedes decir con honestidad que tratas a cada persona de tu empresa con el mismo nivel de respeto? ¿Una llamada del director ejecutivo tiene el mismo peso que una llamada de alguien que percibes como "inferior" en el organigrama? ¿Le das toda tu atención a algunas personas mientras que con otras te "desconcentras"? Siempre es fácil justificar el trato desigual hacia los demás, hasta que eres tú el que está del lado receptor.

¿Por qué no tratamos igual a los demás? A continuación hay dos razones principales:

1. **EGO:** tu ego ve a los demás como "ajenos" a ti. Sientes que debes compararte con otros y siempre quedar "arriba". El ego te lleva a creer que serás feliz al tener "superioridad" sobre los demás. Desde luego esto no te da satisfacción duradera. No importa cuánto acumules, siempre habrá alguien que logre más que tú, que sea más atractivo que tú o que tenga un título más prestigioso que el tuyo.

2. **DINERO:** sentimos que progresaremos más rápidamente y ganaremos más dinero si tratamos mejor a los "altos ejecutivos", sencillamente porque tienen la capacidad de recompensarnos. Creemos que quienes están a nuestro nivel o por debajo (en el organigrama) tienen poca influencia para forjar nuestro destino. Bien, aunque es posible que ganes más dinero al tratar "inequitativamente" a los demás, ¿es ese el legado que quieres dejar? ¿Realmente puedes subdividir tu vida en "trabajo" y "otros" y justificar el no tratar igual a los demás cuando tienes puesto el sombrero del "trabajo"?

Mi padre, ya fallecido, me enseñó algunas importantes lecciones de vida. Él no enseñaba por medio de conferencias. Simplemente lideraba con ejemplo. El estatus social o económico significaba muy poco para mi padre. Él disfrutaba de hablar con conserjes de la misma manera que con directores ejecutivos. Sin importar el estatus de la persona, mi padre se interesaba genuinamente en ella esperando saber de su familia y su trasfondo. Respetaba a todo el mundo y nunca menospreció a nadie. Mi padre se ganaba la vida. ¿Pudo haber ganado más dinero dedicando más atención a las personas "importantes"? Probablemente sí. Pero no eligió ese camino porque prefirió ganar un poco menos pero hacer lo correcto por los demás.

Esta semana, como experimento, asume una perspectiva diferente con quienes te encuentres en tu camino. Mira a cada persona con quien te encuentres como parte de la misma familia humana, desde el mendigo en la calle hasta la persona que está limpiando el piso y el director ejecutivo de tu compañía. Todos fueron creados por el mismo Poder Superior. Practica la verdad expresada en la Declaración de Independencia, es decir, "todos los hombres son creados iguales". Cuando haces lo correcto, no hay forma de equivocarte.

12

Cómo manejar
las críticas

"Si quieres evitar las críticas, no hagas nada,
no digas nada, no seas nada".
Elbert Hubbard

No tratemos de negarlo: las críticas pueden herir (y con frecuencia lo hacen). Pero sin importar lo que hagas en la vida, te expones a la posibilidad de ser juzgado desfavorablemente. Incluso si tratas de quedarte en el fondo, evitando cualquier confrontación, aún así debes tomar decisiones, probablemente pequeñas, como cuándo comer y qué vestir. Y puedes estar tranquilo, no todo el mundo va a estar de acuerdo con tus decisiones.

Entonces, como de todas formas vas a ser criticado, ¡démosle una mirada más de cerca a cómo manejar las críticas (e incluso beneficiarte de ellas)!

La próxima vez que recibas una crítica, considera los siguientes puntos:

1. **Con frecuencia las críticas no son más que un reflejo de preferencias personales.** De nuevo, no importa lo que hagas, *a alguien* no le va a gustar. Por ejemplo, para obtener opiniones de parte de la audiencia en mis seminarios, con frecuencia reparto evaluaciones del orador. Sin falta, dos o tres personas dicen que

habrían preferido que hubiera habido *más* tiempo para que la audiencia participara durante mi presentación; en el mismo programa, dos o tres personas más dicen que habría preferido que se hubiera dedicado menos tiempo a la participación del grupo. Acepta que las personas tienen diferentes trasfondos, preferencias e intereses. Nunca podrás complacer a todo el mundo, así que ni siquiera lo intentes.

2. **No lo tomes como algo personal.** Claro, es más fácil decirlo que hacerlo. Sin embargo, generalmente quien critica no busca demostrar que no tienes valor como *persona*. En lugar de eso, está manifestando su desagrado ante tu idea o tu desempeño. Deja que dé su opinión. Al final, *tú decides* si permites o no que las observaciones de otra persona te molesten.

3. **Esfuérzate por *aprender* de las opiniones de tus críticos.** Encuentra alguna verdad en sus afirmaciones, así sea sólo un fragmento. Los comentarios críticos por lo general tienen algo de precisión. La crítica puede no tener tacto y las observaciones posiblemente sean muy exageradas, pero con frecuencia tienen información que es útil recoger. ¡Tu trabajo es buscar ese grano de verdad y beneficiarte de él! Por ejemplo, digamos que tu cónyuge te acusa de "nunca" llegar a tiempo. Aunque esta afirmación no es completamente precisa, aún así deberías considerar de qué forma, si hay alguna, necesitas mejorar tu puntualidad.

4. **No critiques al crítico.** Adoptar una actitud de "mira quién habla" es una idea igualmente mala. Incluso si es alguien que por lo general no es confiable o se trata de con quien por algún motivo no te llevas bien, no significa que sus comentarios nunca tengan mérito.

5. **No te defiendas.** Resiste la tentación de discutir con quien te critica. Aunque es natural tratar de demostrar que tienes la "razón" y que la otra persona está "equivocada", ese intento generalmente no te lleva a ninguna parte. (Claro, habrá otros espacios en los que es importante aclarar que no aceptas observaciones *abusivas* y que mereces un trato respetuoso. Usa tu mejor juicio).

6. **Acepta que muchas personas sólo se concentran en lo negativo.** Quien critica rara vez da un concepto completo y acertado. Tiende a informar sólo lo negativo así también haya una gran cantidad de aspectos positivos por mencionar. Reconoce que algunas personas piensan que no es necesario decir qué has hecho bien. En lugar de eso, sencillamente se concentran en "ayudarte", lo cual, para ellos, significa "corregirte".

7. **Entiende que los comentarios viciados y ásperos vienen de personas que no están contentas consigo mismas.** Aquí nuevamente es factible que haya una porción de verdad o algo que tengas que aprender de la crítica. Pero he encontrado que las observaciones mezquinas, airadas e insultantes vienen de personas infelices e inseguras que tienen que desahogar su ira y frustración sobre alguien y ¡*tú* has sido el blanco elegido para hoy! No permitas que ellas te derrumben. [NOTA: no es una coincidencia si *repetidamente* recibes palabras ásperas de otras personas. Estás atrayendo las críticas basado en tus creencias y tu nivel de autoestima. Asume tu responsabilidad y busca en tu interior qué debes cambiar para lograr relaciones más armoniosas con quienes te rodean].

Recuerda: ni tus metas, ni tus acciones, ni tú mismo, van a agradar a todo el mundo. Pero no permitas que el temor a la crítica te impida hacer lo que deseas. Acéptala como parte de la vida y aprende de ésta cuanto sea posible. Y, aún más importante, permanece fiel a *tus propios valores y convicciones. Si otros no los aprueban ¡qué importa!*

13

Hay mucho en juego con respecto a tu autoestima

*"Nunca me encontré con personas que me
trataran bien hasta cuando comencé
a tratarme bien a mí mismo".*

Desconocido

Se habla mucho de la autoestima y con buena razón. Tu autoestima tiene un efecto significativo en cada área de tu vida. Ésta afectará el nivel de éxito profesional que alcances, involucrará a la pareja que atraigas, así como a la calidad de todas tus relaciones personales y de negocios.

Pero exactamente ¿qué *es* autoestima? Es tu *sentido de valor propio* como ser humano, es el grado en el que te agradas y valoras a ti mismo y te sientes cómodo en tu interior. El autor y orador Jack Canfield ha dicho que "la autoestima se basa en sentirse capaz y digno de ser amado".

Al evaluar tu autoestima, tu respuesta a esta pregunta te dará una buena perspectiva: ¿Qué *merezco* en la vida? Si tienes una baja autoestima y sientes que no eres digno de ser amado, que no mereces nada o que eres inadecuado, tendrás la tendencia a atraer personas y circunstancias que confirman esa mala opinión que tienes de ti mismo. Es como si emitieras una señal que dice, "no me agrado a mí mismo y no merezco nada". Otros reciben esa señal y te tratan de acuerdo con ella.

Afortunadamente lo contrario también es cierto. Si tienes una autoestima alta y te consideras a ti mismo como digno de amor, capaz y merecedor de lo mejor de la vida, tienes la tendencia a atraer a las personas y circunstancias que confirman tus sentimientos positivos de amor propio.

UNA MIRADA MÁS DE CERCA

Antes de avanzar más, establezcamos la diferencia entre alta autoestima y amor engreído o narcisista. Opuesto a la noción popular, las personas engreídas o que se jactan de sí mismas y ven a los demás como inferiores, tienen una autoestima *muy baja*. No se sienten bien consigo mismas, así que alardean, reprimen a los demás y/o recurren a la intimidación e intentan convencer a otros y a sí mismos que son personas valiosas.

La genuina autoestima es un amor y aceptación saludables de sí mismo. Cuando realmente amas y aprecias quien *eres*, extiendes ese amor y cariño hacia otros. Quieres edificar a los demás, no derribarlos. Cuando tienes una alta autoestima, ya no ves la vida como una fiera competencia en la que "ganas" reduciendo a la gente; en lugar de eso, reconoces que "ganas" al hacer aportes positivos en la vida de quienes te rodean.

En este punto debes estar preguntándote acerca del origen de la autoestima. Sin duda ésta se ve en gran parte influenciada por tus experiencias de infancia. Los niños son impresionables y tienen la tendencia a aceptar lo que se les dice repetidamente. Mientras algunos de los mensajes que reciben son benéficos, otros llegan a ser limitantes o destructivos. Por lo tanto, cuando los niños reciben mensajes (de parte de sus padres, por ejemplo) sugiriendo que no son capaces, probablemente mediante frecuentes críticas o advertencias de no intentar cosas nuevas, los niños tienden a concluir que son inadecuados o que tienen ciertas limitaciones. A la larga, ya siendo adultos, las falsas creencias que aceptaron acerca de sí mismos en su niñez terminan siendo un obstáculo.

Las consecuencias de esto son bastante dañinas. Por ejemplo, a veces tendemos a sentir que *no podemos* terminar ciertas tareas, que somos inferiores o que no somos lo suficientemente buenos para postularnos a ciertos empleos, que *no merecemos* tener un matrimonio feliz ni ser promovidos. Estos sentimientos son predicciones autopronosticadas. Sólo cuando logramos liberar nuestras creencias autolimitantes y los sentimientos negativos reemplazándolos con sentimientos de amor propio y aceptación, abrimos nuevas posibilidades para nuestra vida.

TÚ ERES RESPONSABLE

Cuando ya eres adulto, *tú* eres la única persona responsable de tu autoestima, no te hace bien *culpar* a tus padres ni a cualquier otra persona. A diferencia de un niño, ahora sabes elegir qué mensajes aceptas y cuáles rechazas. Como lo dijo Eleanor Roosevelt: "Nadie puede hacerte sentir inferior sin tu permiso". Otros pueden ayudarte a aumentar tu autoestima, pero la mayor parte del esfuerzo debe ser tuya.

Desarrollar una autoestima elevada es un proceso, no es algo que logras de la noche a la mañana. Aún así, creo sinceramente que cada persona tiene la capacidad de tener una alta autoestima. La pregunta es: ¿estás listo para hacer el compromiso de aumentar tu autoestima? (Nota: la terapia o consejería con un profesional calificado es adecuada para algunas personas, en especial si han sufrido de algún tipo de abuso o trauma). *A continuación hay 11 valiosos pasos que te ayudarán a estimular tu autoestima.*

PASO # 1: Deja de compararte con otros.

Siempre habrá quienes tienen más que tú y quienes tengan menos. Si practicas el juego de la comparación, te encontrarás con muchos "oponentes" que no vas a derrotar. Entonces te sentirás terrible e inadecuado. En lugar de eso, compite únicamente contigo mismo y lucha por ser el mejor *tú* que logres ser. Eres único y tienes tu propio camino a seguir.

PASO # 2: Deja de menospreciarte.

No vas a desarrollar una alta autoestima si sigues repitiendo frases negativas acerca de ti mismo y de tus habilidades. Ya sea hablando de tu apariencia, tu profesión, tus relaciones, tu situación financiera o cualquier otro aspecto de tu vida, evita los comentarios autodegradantes. Estos menosprecios sólo refuerzan tus propios sentimientos negativos y disminuyen tu autoestima.

PASO #3: Acepta todos los elogios con un "gracias".

¿Alguna vez has recibido un cumplido respondiendo, "ah, no fue nada"? Al rechazar un halago, el mensaje que te das a ti mismo es que no eres digno de ser elogiado. En el futuro, responde a *todos* los elogios con un sencillo "gracias".

PASO # 4: Usa afirmaciones para mejorar tu autoestima.

En la parte de atrás de una tarjeta de presentación o en una pequeña tarjeta de notas, escribe una afirmación como esta: "Me agrado y me acepto a mí mismo", "Soy una persona valiosa, digna de ser amada y merezco lo mejor en la vida". Llévala contigo y repítela varias veces durante el día, en especial antes de acostarte y después de levantarte. Cuando digas esa frase, experimenta al máximo los sentimientos positivos que emanan de esa verdad. Para reforzarla más, escríbela en un papel varias veces al día.

PASO # 5: Comparte con personas positivas que te sirvan de apoyo.

Tu autoestima se ve reducida cuando estás rodeado de gente negativa que constantemente te menosprecia junto con tus ideas. Por otro lado, cuando eres aceptado y animado te sientes mejor contigo mismo. Por lo tanto, ponte en el mejor entorno posible para mejorar tu autoestima.

PASO # 6: Haz una lista de tus éxitos pasados.

No necesariamente deben ser logros monumentales, incluye tus "pequeñas victorias", como aprender a patinar, graduarte de secundaria, recibir un premio o ser promovido, lograr una meta en los negocios, etc. Lee esa lista con frecuencia. Mientras la revisas, cierra los ojos y recrea los sentimientos de satisfacción y gozo que tuviste al momento de lograr cada triunfo.

PASO # 7: Haz una lista de tus cualidades positivas.

¿Eres honesto? ¿Altruista? ¿Servicial? ¿Creativo? Sé generoso contigo mismo y escribe por lo menos 20 cualidades. De nuevo, es importante que revises esta lista con frecuencia. La mayoría de personas se queda con sus deficiencias y luego se pregunta por qué su vida no está funcionando. En lugar de eso comienza a concentrarte en los aspectos positivos y tendrás una mejor oportunidad de lograr lo que deseas.

PASO # 8: Comienza a dar más.

No estoy hablando de dinero. Más bien me refiero a que debes comenzar a dar más de ti mismo a quienes te rodean. Cuando haces cosas por los demás, haces un aporte positivo y comienzas a sentirte más valioso, a cambio de eso, tu espíritu se eleva y tu autoestima aumenta. Algunas sugerencias: haz algo de trabajo voluntario o presta ayuda a una valiosa causa; pasa algo de tiempo con un amigo o vecino que se encuentre enfermo o que esté pasando por un tiempo difícil; ofrécele ayuda a un familiar con un proyecto personal (alguien a quien usualmente no le ofrecerías ayuda).

PASO # 9: Participa en trabajo y actividades que te gusten.

Es difícil sentirte bien contigo mismo si pasas tus días trabajando en algo que desprecias. La autoestima florece cuando participas en trabajos y actividades que te traen gozo y te hacen sentir valioso. Incluso si no tienes cómo explorar profesiones alternativas en la actualidad, dedica tu tiempo libre a pasatiempos y actividades que te parezcan estimulantes y que disfrutes. Algo es cierto: quedarte en casa limpiando o quejándote por tu miserable día en el trabajo, no elevará tu autoestima.

PASO #10: Sé leal a ti mismo.

Vive tu propia vida, no la vida que otros han decidido que es mejor para ti. Nunca ganarás respeto propio ni te sentirás bien contigo mismo si no llevas la vida que querías vivir. Si estás tomando decisiones para obtener la aprobación de tus amigos y familiares, no estás siendo leal a ti mismo y tu autoestima se disminuirá. Cuando sigues los deseos y los sueños más profundos de tu corazón, tu autoestima y respeto propio aumentarán dramáticamente.

PASO # 11: ¡Actúa!

Nunca podrás desarrollar una alta autoestima si te sientas en los extremos y retrocedes ante cada reto de tu vida. Cuando actúas, sin importar el resultado, te sientes mejor contigo mismo. Si no avanzas debido al temor o la ansiedad, te sentirás frustrado e infeliz, y sin duda le asestarás un duro golpe a tu autoestima.

El "verdadero tú" es un ser magnífico y único con un gran potencial y una tremenda capacidad para sentir amor propio y extender ese amor hacia otros. A medida que tu autoestima crece, tu "verdadero tú" emergerá. Comenzarás a correr más riesgos y a no temer al fracaso; no te preocupará tanto el tener la aprobación de los demás; tus relaciones serán mucho más gratificantes, buscarás actividades que te den gozo y satisfacción dándole un aporte positivo al mundo.

Más importante aún, una alta autoestima te dará paz mental, porque cuando estés solo realmente apreciarás a la persona con quien estás: tú mismo.

14

Presta atención
a los detalles

"Cuídate del hombre que no repara en los detalles".
William Feather

En mi camino de regreso a casa, después de ir al gimnasio los domingos en la mañana, solía detenerme en una muy conocida cadena de farmacias a comprar el periódico. Mientras estaba ahí casi siempre compraba otras cosas, a veces hacía compras hasta de $40 dólares. Pero recientemente, al regresar a casa encontré que no estaba la sección de los periódicos. La siguiente semana sucedió lo mismo.

Al domingo siguiente le mencioné el problema al administrador de la tienda. Él respondió que "el chico que organiza las secciones está de afán", como si eso fuera un error menor y de poca importancia.

Pero por ningún motivo era algo menor. Verás, ya no me detengo en esa tienda a comprar el periódico del domingo, lo cual también quiere decir que tampoco compro otros artículos allá. Después de todo, hay muchos otros sitios que venden pasta dental. Esta tienda perdió mis compras porque no le estaba prestando atención a los detalles.

Permíteme compartir un segundo ejemplo: hace muchos años tuve un compromiso como orador, el cual estaba programado para comenzar a las 7:30 p.m. El único equipo que solicité fue un micrófono y un proyector de diapositivas. Le pregunté a alguien del centro de conferencias qué tan temprano podía entrar al salón antes de hacer mi presentación para asegurarme de que todo estaba organizado adecuadamente y funcionando. La respuesta que obtuve fue que el salón estaría abierto alrededor de las 7:00 p.m. Sabiendo que algo puede salir mal en esas situaciones, amablemente pedí que abrieran el salón más temprano y que el técnico estuviera disponible para solucionar cualquier problema de último minuto. Mi solicitud fue escuchada y pude entrar al salón a las 6:00 p.m.

Esto es lo que sucedió. El proyector de diapositivas de ese salón no estaba funcionando. Aproximadamente 20 minutos después trajeron otro, el cual tampoco funcionó. Después de otros 15 minutos encontraron otro proyector. Esta vez, la primera diapositiva se proyectó de inmediato pero cuando traté de avanzar a la siguiente no sucedió nada. Resulta que el control remoto no estaba funcionando; 10 minutos después encontraron otro control remoto y finalmente todo estaba funcionando apropiadamente y todavía faltaban casi 30 minutos para comenzar el programa. Al final la presentación salió bien y el equipo funcionó perfectamente.

Pero ¿qué habría pasado si no hubiera podido entrar al salón antes de las 7:00 p.m.? Habría tenido que elegir entre dos opciones poco agradables: retrasar el programa mientras procuraba que reemplazaran el equipo, o dejar de lado por completo lo del equipo y hacer el programa sin éste. En cualquier caso, le habría prestado un mal servicio a mi audiencia, todo si no le hubiera puesto atención a los detalles.

A veces nos quedamos tan atrapados en nuestro producto o servicio que nos olvidamos de las que llamamos "pequeñeces" que son parte del proceso. Por ejemplo, ¿importaría que sirvieras la mejor comida en tu restaurante si los baños están desaseados y sin toallas para las manos? Tus ventas se afectarían de inmediato. Incluso si la comida fuera deliciosa y el lugar estuviera impecable, ¿seguiría la gente favoreciendo tu establecimiento si el mesero o el cajero permanentemente te tratara mal? Lo dudo.

Entonces, ¿qué tiene que ver todo esto *contigo*? Apuesto a que hay muchas actividades que haces en el trabajo, las cuales son aparentemente "menores", pero que en realidad tienen consecuencias de gran alcance. Es por eso que es muy importante examinar con frecuencia cada aspecto de tu trabajo y asegurarte de que cada tarea impacte de manera favorable a los clientes y compradores de tu empresa.

Toma un momento para mirar cada componente de tu trabajo. ¿Llegas a tu compañía vestido de una manera que refleja bien quién eres y cómo es tu empresa? ¿Les informas a tus clientes cuando vas tarde para una reunión? ¿Hay algunos cambios que deberías hacer a tus facturas para que tus clientes las entiendan y procesen más fácilmente? ¿Hay algo que puedes hacer para facilitar el desempeño de tus compañeros de trabajo?

Estos parecen ser puntos insignificantes pero tienen un efecto profundo en el resultado final de tu compañía y en tu carrera.

Si soy un cliente, quiero hacer negocios con personas que les presten atención a los detalles. Si soy un empleador, quiero contratar (y promover) a funcionarios que entiendan que cada tarea y comunicación, le aportan o le restan al éxito de la empresa. Finalmente, cuando servimos a los demás (lo cual es la esencia de cualquier empresa), no hay tal cosa como un detalle sin importancia. Al darles atención a las "cosas menores" desarrollamos un fundamento sólido para el éxito consistente.

15

Sé consciente de tu patrones

"No hay patrones accidentales".

Jeff Keller

Si eres como la mayoría de personas, probablemente has observado algunos *patrones* en tu vida. Con "patrones" me refiero a situaciones que parecen presentarse una y otra vez, el tipo de circunstancias seguramente cambia un poco pero el resultado final sigue siendo el mismo.

Tales patrones no necesariamente son buenos o malos en sí. Pueden ser la fuente de gozo ilimitado o de gran frustración, abundancia económica o dificultades financieras. De hecho, es muy probable que ahora mismo encuentres en ti patrones *positivos así como negativos.*

Por ejemplo, probablemente has trabajado para jefes que te han criticado mucho y sin importar en qué compañía te encuentres se presenta el mismo resultado. Ese es un patrón.

Si analizas honestamente tu vida, observarás que has creado (¡y sigues creando!) *muchos* patrones, algunos que te sirven y otros que obstaculizan tu progreso.

Detrás de la mayoría de patrones yace un sistema de creencias (tus expectativas respecto a lo que quieres lograr) y tu nivel de au-

Jeff Keller: Principios inquebrantables del éxito 71

toestima (cómo te sientes contigo mismo). Por ejemplo, si no crees que estés capacitado para ganar más que cierta cantidad de dinero, pasarás de un cargo o profesión a otro y en cada caso encontrarás que sólo ganas tanto como te lo permiten tus expectativas.

Igualmente, si tienes una autoestima relativamente baja, verás que relación tras relación (tanto personal como laboral), tienes la tendencia a atraer personas que te reprimen.

Miremos unos pasos específicos que te lleven a crear nuevos patrones que mejoren cada área de tu vida.

Identifica tus patrones actuales. Haz un inventario de los resultados que has generado en las siguientes áreas: tu carrera, circunstancias financieras, estado de salud, relaciones personales y profesionales. ¿Estás avanzando de forma continua en tu carrera, rebotando de empleo a empleo o estancado en un cargo que odias? ¿Sientes que tus compañeros de trabajo aprecian tus esfuerzos? ¿Con frecuencia recibes críticas "sin una buena razón"?

Después de identificar tus patrones, pregúntate: *¿qué creencias tengo que contribuyen para obtener estos resultados?* Por ejemplo, es posible que creas que "sólo vas a ganar dinero esforzándote mucho", o que "al fin de cuentas la gente te defraudará". Haz una lista de **tus** creencias.

Deja de culpar a otros o a las circunstancias externas. Si has identificado cualquier patrón que no te agrada, la solución no es culpar a tus padres, ni a tu jefe ni a tu cónyuge. Y adivina: ¡Culparte a ti mismo tampoco será útil! Sólo te sentirás peor. Sencillamente reconoce el hecho de que estás perpetuando el patrón debido a tu manera de pensar y a tu comportamiento.

Visualiza el nuevo patrón que quieres desarrollar. ¡Ahora tu mente está llena de imágenes que revelan tus circunstancias *actuales*! Para liberarte de ellas, debes sustituir esas imágenes con lo que tú *elijas* llegar a ser. Así que, si quieres ser más seguro, imagínate comportándote con más seguridad. Por ejemplo, imagínate haciendo una presentación efectiva ante un grupo grande de tu empresa.

Cuida tus palabras. Sé muy cuidadoso tanto con lo que te dices a ti mismo ("tu conversación contigo mismo") como con lo que les dices a los demás. Las palabras y frases que te menosprecian o describen tus limitaciones te impedirán generar un nuevo patrón.

Aléjate de quienes se comportan como tu "viejo" patrón. Si quieres romper con una dependencia a alucinógenos o al alcohol, no sigues pasando tiempo con personas que abusan de esas sustancias, ¿correcto? Igualmente, si quieres romper con una cadena de pensamientos negativos, no sigas en compañía de quienes piensa negativamente.

Haz cosas que respalden el nuevo patrón. Por ejemplo, quienes tienen dificultades financieras necesitan renunciar a la idea de ir de compras a varias partes para ahorrar unos centavos en un galón de leche. Si eres obsesivo con ahorrar unos pocos centavos, el mensaje que le transmites a tu mente es, "el dinero es escaso y unos pocos centavos harán la diferencia para mí". Si realmente crees que en poco tiempo vas a ganar una buena cantidad de dinero, esos pocos centavos no te van a preocupar.

Comienza a prestar atención a situaciones recurrentes en tu vida. No suceden por "accidente"; más bien, son el reflejo de lo que ocurre en tu interior. Cuando eleves tu pensamiento a lo que es posible y te sientas bien contigo mismo, ¡comenzarás a producir milagros!

16

Lecciones de vida que aprendemos de Jason

"De las dificultades brotan milagros".

Jean de la Bruyere

Es probable que hayas visto la asombrosa historia que fue transmitida por muchas estaciones de televisión acerca de Jason McElwain, el adolescente autista que se desempeñó milagrosamente cuando tuvo la oportunidad de participar en un juego de baloncesto de secundaria. Para quienes no conocen la historia, esto es lo que sucedió:

En el año 2006 Jason tenía 17 años y era estudiante en la Escuela Secundaria Greece Athena de New York. Él es autista y en ese momento servía como director del equipo de baloncesto de la escuela. Durante los juegos del equipo, Jason se sentaba en la banca usando camisa blanca y corbata negra. Jim Johnson, el entrenador del equipo, animó a Jason a usar el uniforme del equipo para el juego final de la temporada. Le dijo que trataría de ponerlo en la cancha si Greece Athena tenía suficiente ventaja de puntos.

Bueno, Jason entró al juego cuando faltaban cuatro minutos para terminar. Después de fallar sus primeros dos tiros, anotó 6 de 10 lanzamientos de tres puntos (lanzamientos a más de 20 pies) y marcó 20 puntos. Al final fue el mayor anotador del juego, ¡aunque sólo jugó cuatro minutos! El público se volvió loco y se abalanzó a la cancha para felicitar a Jason y celebrar su asombrosa actuación.

Seguro, la historia de Jason es inspiradora y reconfortante. Es más, creo que hay lecciones importantes que aprender de este joven.

Jason demostró el poder de la actitud y el entusiasmo. Cuando le preguntaron cuáles eran sus responsabilidades como director del equipo, explicó que, entre otras, ajustaba el reloj, llevaba estadísticas y repartía botellas de agua y equipos. También dijo que su trabajo era "ser entusiasta" y animar a los jugadores. ¿No te parece interesante que incluyera "ser entusiasta" como parte de la descripción de su cargo? Como Jason es tan entusiasta, el entrenador lo quiere mucho y los jugadores lo aman. Incluso esa noche el público estaba gritando su nombre y pidiendo que entrara al juego.

La lección aquí es que cuando eres enérgico y positivo, la gente quiere estar cerca de ti, quieren ayudarte. Si Jason hubiera desempeñado sus responsabilidades de forma aburrida y apática no creo que hubiera tenido la posibilidad de que el entrenador considerara permitirle entrar al juego. Jason le había dado tanto al equipo que el entrenador quería ser recíproco de alguna manera. Probablemente, si todos añadimos "ser entusiasta" a las descripciones de nuestros cargos tendríamos mucho más éxito en el trabajo y en casa y obtendríamos mucha más cooperación de los demás.

Jason no le temía al fracaso. Jason falló terriblemente su primer lanzamiento. Ni siquiera le dio al aro. También falló en su segundo intento. Aún así no se desanimó. Él iba a seguir lanzando. Luego anotó 20 puntos en un poco más de tres minutos. ¿Cuántos de nosotros si hacemos uno o dos lanzamientos en la vida (por ejemplo, una llamada de ventas o una relación personal) y obtenemos un mal resultado, decidimos renunciar? Si Jason hubiera hecho eso no habría logrado su increíble hazaña. Como con cualquier emprendimiento, a menudo se necesita algo de tiempo antes de "encarrilarte" y que las cosas te salgan bien. Tenemos que estar dispuestos a soportar las "fallas" hasta que estemos encaminados.

Jason estaba dispuesto a servir. La primera opción de Jason fue no ser el director del equipo. Él quería jugar baloncesto para el equipo junior de la escuela. Lo intentó pero no era lo suficientemente bueno. En lugar de enfadarse y darse por vencido con el baloncesto, estuvo dispuesto a tomar el cargo de director del equipo junior. Él disfruta con el baloncesto y esa fue su oportunidad de estar cerca al juego. Muy a menudo no alcanzamos nuestra meta inicial y dejamos que nuestro ego se interponga. No queremos aceptar un papel menor o jugar un "rol secundario", así sea temporalmente.

Haz lo que amas. Jason nos muestra que las grandes oportunidades a menudo llegan cuando participas en actividades que te apasionan. Este es un chico a quien definitivamente le encanta el baloncesto. Lo ves en su cara cuando está afuera de la cancha ayudando a los demás jugadores o gritando él solo. Cuando haces lo que amas, puedes ganar mucho dinero o puede que no ganes nada. Sin embargo, estarás más feliz, atraerás más experiencias positivas a tu vida y probablemente crees un "milagro" así como lo hizo Jason.

Jason estaba preparado para aprovechar el momento. No olvidemos que él todo el tiempo practicaba sus lanzamientos. Aunque no tenía experiencia jugando, con frecuencia lanzaba en el gimnasio. Él sabía que podía hacer lanzamientos de larga distancia y cuando tuvo la oportunidad en el juego, anotó la mayoría de sus tiros. Miremos tu sueño: ¿estás listo para tu oportunidad? ¿Has practicado, investigado y hecho todo lo que sea necesario para estar listo y aprovechar tu momento? El momento para prepararte es ahora. Será demasiado tarde si esperas hasta cuando la oportunidad se presente.

Jason nos ayudó a ampliar lo que pensamos que era posible. Si alguien te hubiera dicho que un adolescente autista que servía como director de un equipo de baloncesto de secundaria fue puesto a jugar en un partido real, anotó seis de diez lanzamientos de tres puntos y marcó veinte puntos durante un poco más de tres minutos, dirías que eso sólo podría suceder en una película. Pero fue real. No solamente eso, sino que el Presidente de los Estados Unidos visitó a Jason en un aeropuerto cercano a su casa. Jason fue entrevistado en CBS-TV durante los Cuartos de Final del Torneo de Baloncesto de la NCAA del 2006. Además, millones de personas de todo el mundo vieron un documental acerca de su historia. La ex leyenda del baloncesto, Magic

Johnson, fue al gimnasio de la escuela a conocer a Jason y anunció un trato hecho para adquirir los derechos para hacer la película de Jason. Este joven ha logrado lo que muchos hubieran dicho que era "imposible", pero en el fondo sabemos que también nosotros tenemos la capacidad de hacer magia en nuestra propia vida si ampliamos nuestra perspectiva de lo que es posible.

Felicitaciones, Jason, por tus excelentes logros y por darnos la fórmula para una vida exitosa.

17

Es hora de tu mantenimiento

"Sabemos lo que somos, mas no lo que podemos ser".

William Shakespeare

Si tienes auto, probablemente con cierta frecuencia lo llevas al centro de servicios para hacerle mantenimiento. Debes asegurarte que el motor está funcionando bien. Quieres reemplazar cualquier parte desgastada y que tus llantas estén seguras y balanceadas. El mecánico con frecuencia tiene una lista de verificación de los puntos que hay que revisar. Cuando recoges tu auto después que el servicio ha finalizado, sales con un auto en mejores condiciones para volver al camino y llegar a donde quieres ir.

Así como tu auto tiene necesidades que debe ajustar regularmente, tú también te beneficias al darte a ti mismo una "ajustada". Durante tu mantenimiento personal y mental revisa las viejas rutinas que debes remplazar e identifica nuevas acciones que acelerarán tu motor. La siguiente es una lista de verificación muy útil de usar durante tu mantenimiento:

Toma una clase o estudia un nuevo tema. Aprender algo nuevo será emocionante y te expondrá ante otras personas y nuevas situaciones. Ya sea Historia del Arte, baile de salón, o aprender un nuevo idioma, esta nueva experiencia te rejuvenecerá a medida que redescubres el gozo de aprender y ampliar tus horizontes. A diferencia de tus días de escuela, cuando las clases te eran "impuestas", ahora tienes opción de *elegir* los temas que más te atraen.

Deja de participar en actividades u organizaciones que ya no te llaman la atención. El hecho de que te hayas unido a una organización o que te hayas comprometido en una actividad, no significa que has firmado un contrato de por vida para seguir haciéndolo hasta que mueras. ¿Hay alguna organización a la que perteneces que ya no te parece divertida o interesante? Probablemente hayas sobrepasado una actividad o grupo. Después de todo, ya no eres la misma persona que eras 10 años atrás. Cuando quitas alguna de estas "cosas viejas" del camino, te abres paso a actividades nuevas y más relevantes.

Enfrenta algún temor que obstaculice tu crecimiento personal o profesional. El temor nos impide alcanzar nuestro potencial y llevar una vida emocionante. Tenemos sueños y metas pero no damos pasos hacia ellos debido a una variedad de temores, el temor a fallar, a que alguien nos critique, el miedo a lo desconocido o incluso a triunfar. Cuando atacas de frente esos temores, obtienes autoestima y confianza. Si se te dificulta encontrar un temor por enfrentar, empieza con hablar en público. Únete a un grupo de oradores o conferencistas en tu área. Vas a sentirte incómodo al comienzo, pero aprenderás habilidades valiosas y ganarás confianza, todo eso te será muy útil.

Revisa si tus actividades son coherentes con tus prioridades establecidas. Pregúntales a otros acerca de sus prioridades y probablemente te dirán que son su familia, su fe o su salud. El único problema es que con frecuencia sus actividades están en total desacuerdo con lo que dicen, por ejemplo, hablan de querer tener un estilo de vida saludable, pero los ves con un plato de nachos. ¿Qué debes hacer para alinear tus actividades con tus prioridades? Si no haces ningún cambio para ser más consistente, entonces no te engañes más. Sencillamente tus prioridades no son las que tú dices que son.

Ocúpate de cualquier "asunto inconcluso". Si estás guardando algún rencor o resentimiento contra alguien, especialmente contra un familiar cercano, renuncia a eso de inmediato. Esto desgasta tu energía. Si esa persona se va de este mundo sin que hayas resuelto el inconveniente, te lamentarás el resto de tu vida. No tienes que aprobar lo que te hizo. No tienes que pasar tiempo con él o ella. Es más, es irrelevante si esa persona aún discrepa de ti o si incluso te odia. Lo que tú debes hacer es liberar el resentimiento y avanzar.

Apoya a otros en la búsqueda de sus sueños. Aprovecha cualquier oportunidad para ayudar a amigos, familiares o compañeros de trabajo que están persiguiendo sus sueños. Por tu experiencia personal sabes lo difícil que es abrirse un nuevo camino, comenzar una nueva empresa o tratar de lograr algo muy ambicioso. Necesitaste toda la ayuda y respaldo que podías recibir. Dales ese respaldo a otros. Será una gran diferencia para ellos. Además, involucrarte en sus sueños reavivará tu entusiasmo y te animará a seguir tus propios sueños.

Haz algo para mejorar tu salud y energía. Comienza a ver tu salud como algo de alta prioridad en lugar de algo para lo que "no tienes tiempo". Si no tienes tiempo para hacerle mantenimiento o si introduces lodo en el tanque de gasolina de tu auto, éste se averiará. Eso también es cierto contigo. Toma tiempo para caminar varias veces a la semana o para hacer alguna otra clase de ejercicio en casa o en el gimnasio. Como consecuencia, te sentirás mejor y te desempeñarás de manera más efectiva en el trabajo y en casa.

Además, cuidar de tu cuerpo desarrolla autoestima. No se trata de convertirte en un triatleta o fisicoculturista. Se trata de lograr cierto nivel de estado físico elemental. La energía es un ingrediente vital para vivir una vida productiva y exitosa. ¿No te parece interesante que lleves a tus hijos a todas sus citas médicas y te asegures que estén físicamente activos pero que no te cuides de la misma manera? No esperes un día más para comenzar una rutina de ejercicios a fin de cuidar tu salud y vitalidad.

¿Has leído la lista de verificación para tu mantenimiento y estás listo para ocuparte de cada uno de esos puntos? Cuando un mecánico está revisando tu auto no quieres que ignore ningún punto. Así que no te hagas trampa al ignorar estas áreas. Cuando te hagas un mantenimiento regular, tu cuerpo, mente y espíritu estarán funcionando a toda máquina.

18

Evita estos "asesinos de la comunicación"

"La mayoría de conversaciones son sencillos monólogos deliberados en la presencia de un testigo".
Margaret Miller

En nuestra vida personal, tanto como en la profesional, hay momentos cuando nos conectamos con otras personas y los alegramos por comunicarse con nosotros. En esos casos hay un flujo libre de información en donde ambas partes terminan la comunicación con sentimientos positivos. Pero también hay momentos en los que existen obstáculos que se interponen en la comunicación efectiva y terminamos con una impresión mediocre o negativa en cuanto a lo que acaba de suceder.

En gran medida, tu éxito como comunicador es el resultado de ciertas estrategias que puedes estar empleando, ya sea conscientemente o sin pensarlo mucho.

Cuando te comunicas hay mucho en juego. Si quieres tener relaciones personales positivas o un matrimonio exitoso, muy probablemente la efectividad de tu comunicación determinará el tipo de persona que atraigas así como la plenitud que logres en tu matrimonio. En los negocios, los comunicadores efectivos son quienes serán respetados y promovidos a posiciones de liderazgo. En ventas, los buenos comunicadores son más persuasivos, establecen buenas relaciones y venden más que quienes tienen pocas habilidades.

Para ser efectivo es imperioso que sigas unas sólidas estrategias de comunicación. Sin embargo, aún los más diestros entre nosotros a veces se comunican de manera que alejan a los demás. Así que a continuación hay unos "asesinos" de comunicación de los cuales debemos cuidarnos. Al evitar estas trampas podemos desarrollar buenas relaciones, dar una impresión positiva ante otras personas y hacer que el comunicarse con nosotros sea una experiencia valiosa.

1. **Demostrar que la otra persona está "equivocada".** Muchos ven la comunicación como una discusión en la que el objetivo es demostrar que ellos "tienen la razón" y que la otra persona está equivocada. Tu interlocutor siempre se resistirá a tu intento por dejar claro que él o ella están equivocados. Piénsalo: ¿cómo TE sientes cuando alguien trata de demostrar que estás equivocado? Apuesto a que te resistes cuando un compañero de trabajo o familiar juega a eso contigo. Muchas veces afirmamos que tenemos la razón en cuestiones de opinión, cuando en realidad no hay bueno o malo en ese sentido. Incluso si citas una estadística y sabes que la otra persona está equivocada, logras muy poco al insistir que él o ella están equivocados. Es cierto, hay unos casos en los que es importante identificar el error de alguien, como cuando esa persona insiste en que la reunión es el lunes y tú sabes que es el martes. Pero esa es la excepción y es mucho mejor presentar tu punto de vista sin establecer ganadores o perdedores.

2. **Hablar demasiado de ti mismo.** Casi todo el mundo cae en esta trampa. Empiezas a hablar con alguien y dominas la conversación hablando de ti mismo sin darle mucha oportunidad de hablar a la otra parte. Cuando sólo hablas de ti mismo, sin permitir que la otra persona participe, estás comunicándole que no te importa. Esto crea resentimiento y esa persona no deseará volver a comunicarse contigo en el futuro. Por otro lado, cuando escuchas a alguien, esa persona se siente validada e importante. En tus próximas conversaciones, observa qué porcentaje de tiempo hablas y cuánto escuchas. Recuerda esta ilustración: nacemos con dos oídos y una boca, y deberíamos procurar usarlos en la misma

proporción. Cuando escuchas el doble de lo que hablas, la otra persona tendrá una buena impresión de ti y con frecuencia sentirás que eres un conversador interesante, así hayas hablado poco.

3. **Interrumpir.** Ésta es una de las torpezas de comunicación más comunes. Comenzamos escuchando a alguien pero luego empezamos a pensar en lo que vamos a decir luego y nos desconectamos. Cuando nuestros pensamientos están listos para el despegue, irrumpimos en la discusión y comenzamos a hablar. Esto es insultante para la otra parte ya que no permitiste que esa persona terminara sus comentarios. Disciplínate para permitir que los demás terminen sus ideas antes de interrumpirlos con las tuyas.

4. **Cambiar abruptamente de tema en una discusión de grupo.** Ésta es una variante de la interrupción. Estás hablando de tus últimas vacaciones con un grupo de amigos cuando alguien interrumpe y dice algo como, "¿vieron el juego de béisbol anoche?". ¿Cómo te hace sentir eso? En la mayoría de los casos la persona que te interrumpe quiere desviar la discusión de vuelta a un tema en el que pueda retomar el control de la conversación y volver a dominar. A veces la persona que te interrumpe tiene una limitada capacidad de atención y necesita estar cambiando de tema. Sin importar cuál sea el motivo, es grosero.

5. **Hablar demasiado de lo negativo.** Los medios nos bombardean con noticias negativas. El terrorismo, los crímenes violentos y los desastres naturales son sólo unos de los temas que tienen muchas horas de cubrimiento diario. Luego está el "drama" negativo en tu vida personal, tus decepcionantes relaciones, una carrera insatisfactoria, enfermedad. Aunque es natural compartir tus experiencias de vida con otros, especialmente amigos y compañeros de trabajo, no es necesario que les cuentes todo lo que anda mal. ¿Qué te hace pensar que quieren saber de tu familia disfuncional o que no eres apreciado en tu trabajo? ¡Todo el mundo tiene suficientes problemas propios como para tener que escuchar tus aventuras de aflicción! Haz que tus conversaciones sean estimulantes y los demás anhelarán hablar contigo.

6. **Tratar a tu dispositivo tecnológico como si fuera más importante que la persona con quien estás hablando.** Este es un problema que se está saliendo de control. Más y más personas sienten la necesidad de estar "conectadas" con el mundo 24/7. Ellas son esclavas de sus teléfonos móviles y computadores de mano. No importa si estás con ellas en medio de una conversación o negocio. Si su teléfono suena o su dispositivo muestra un mensaje de entrada, de inmediato desvían su atención. El mensaje que transmiten es que la comunicación entrante es más importante que cualquier cosa que tú tengas para ofrecer. A menos que estés esperando un mensaje de emergencia (lo cual rara vez es el caso), apaga los teléfonos y dispositivos móviles mientras estés reunido con otras personas. Después vas a tener todo el tiempo para examinar esos mensajes.

7. **Buscar personas más "importantes".** Generalmente esto sucede en eventos de ruedas de negocios. Estás en medio de una discusión, cuando ves a alguien que percibes como "más importante" que aquél con quien estás hablando. Tus ojos se fijan en la persona "importante" y todo lo que quieres hacer es escaparte de la conversación actual y acercarte a quien consideras más valioso. Eso es un insulto para quien está hablando contigo. Si sientes que debes interrumpir la conversación para aprovechar la oportunidad de hablar con alguien más, explica la situación y prométele a la persona que volverás para continuar con la conversación. Asegúrate de volver posteriormente a esa persona después que hayas finalizado la otra conversación.

Hay muchas personas exitosas que caen en estos errores de comunicación. En ese punto estoy de acuerdo contigo ya que esos comportamientos generan enemigos sin necesidad debido a la indecencia. Tales celebridades disfrutarían de aún más respeto y éxito si revisaran sus estrategias de comunicación.

Conserva esta lista de recordatorios de comunicación en tu billetera, bolso o en tu escritorio durante los próximos días, semanas y meses. No son hábitos sencillos de romper y tienes que estar vigilante. Conviértete en un comunicador más efectivo y observa cómo otras personas te respetan más y te ayudan a obtener lo que deseas.

19

El puntito negro

"El secreto de la felicidad es disfrutar
de tus bendiciones mientras los demás
aumentan sus problemas".

William Penn

Durante algunas de mis presentaciones tomo un trozo de papel de 8 1/2 x 11 y hago un pequeño punto negro en el centro. Luego les muestro la hoja a las personas en el auditorio y les pregunto qué ven. La mayoría dice que ve un punto negro. Muy pocos, casi nadie, dicen que ven una hoja de papel blanco con un puntito negro.

Tenemos la tendencia a ver nuestra vida casi de la misma manera. Tenemos salud, suficiente alimento, un trabajo que paga las cuentas y nos permite tener algo de actividad en nuestro tiempo libre, pero no nos concentramos en eso, no lo apreciamos. En lugar de eso, nos concentramos en el pequeño puntito negro, el 10% que no nos gusta de nuestra vida o aquello que quisiéramos cambiar. Al concentrarnos en el 10% que representa nuestros problemas o cosas que no nos gustan, desarrollamos una actitud negativa y nos sentimos muy mal. Además, hay un principio universal que entra en juego: atraemos aquello en lo que más pensamos. Al concentrarnos en lo que nos hace falta, creamos más experiencias de escasez.

Piensa en tu vida. ¿Le prestas mucha atención al 10% que no es lo que quieres que sea, frente al 90% que va bien? No digo que debemos ignorar nuestros retos o aspectos que nos gustaría cambiar. Pero si le prestáramos más atención al 90% que SÍ está funcionando, tendríamos una mejor actitud y lograríamos mejores resultados.

Cuando se trata de tu trabajo, ¿te concentras en todos los aspectos positivos de tu situación, te lamentas por tu salario y los compañeros de trabajo o por el hecho de que otra persona fue promovida al cargo que tú querías?

¿Qué de las necesidades básicas de la vida? ¿Estás agradecido por el alimento que comes a diario, la ropa que vistes, el techo sobre tu cabeza? ¿Das por hechas todas esas cosas?

Y no olvidemos tu cuerpo y tu salud. ¿Cuánto tiempo pasas pensado en lo que SÍ funciona? Tu cuerpo es un milagro, no te equivoques con esto. Tu cuerpo y su funcionamiento diario no tienen nada de "aburrido". Albert Einstein dijo en una ocasión que hay dos maneras de vivir: una es como si nada fuera un milagro, la otra es como si todo fuera un milagro. La mayoría de nosotros va por la vida con una actitud aburrida ante el milagro de nuestros cuerpos. Tratamos esta asombrosa creación como si no fuera gran cosa.

Considera esto: tu corazón es apenas del tamaño de un puño pero bombea sangre por todo tu cuerpo, aproximadamente 2.000 galones de sangre y late cerca de 100.000 veces. Eso es sólo en un día. En un año esa actividad asciende a 36'500.000 de latidos. Y en la mayoría de los casos, sigue latiendo 36'500.000 veces al año por muchas décadas. Detente por un momento y reconoce la grandeza de este milagro. Y desde luego, no tienes que cambiar alguna parte del cuerpo ni presionar manualmente tu pecho para mantener tu corazón latiendo. Late automáticamente y envía sangre por todo tu cuerpo sin ningún esfuerzo de tu parte.

Consideremos ahora tu cerebro. Dicho órgano, junto con la médula espinal están compuestos por muchas células, incluyendo las neuronas. En el cerebro hay cerca de 100 billones de neuronas. ¡100 billones! Las neuronas son células que transmiten señales nerviosas hacia y desde el cerebro a una velocidad de 200 millas por hora. ¿No es asombroso?

Desde luego, tus oídos, tus ojos, bueno, podríamos seguir todo el día hablando del milagro de tu cuerpo y de cómo lo damos por hecho. Sólo un ejemplo final para reforzar.

Cuando te resfrías y durante unos días tienes dificultades para respirar, seguro que con frecuencia les dices a todos que estás congestionado y no te sientes bien. Después de una semana, cuando ha pasado el resfriado y tu respiración vuelve a la normalidad, muy seguramente *no dices*: "¡Hoy mi respiración está perfecta! ¡Puedo recibir todo el oxígeno que necesito!" ¿Por qué tiene sentido quejarse por tu respiración durante la semana que no anda bien y dejar de reconocer las otras 51 semanas en las que respiras saludablemente?

Deja de subestimar tu cuerpo. ¡Aprecia todas las cosas que ESTÁN funcionando! Eres un milagro andante y parte de un Universo extraordinario.

Algunos sienten que ignorar el punto negro no es la respuesta y que necesitan concentrarse en dicho punto para mejorar ciertas condiciones en su vida. Bueno, si eliges ese camino, a continuación hay tres estrategias que usar:

1. Preocúpate por el punto negro.

2. Laméntate por el punto negro.

3. Da pasos proactivos para eliminar o reducir el punto negro.

La única estrategia que tiene sentido es la número tres. Aunque muchos eligen las estrategias uno y dos, las cuales sólo los hace más miserables.

Sé completamente honesto contigo mismo: ¿hay algunas áreas en tu vida en las que estás ignorando la gran hoja blanca y solamente miras el puntito negro? ¿Ves las fallas de los demás en casa y en el trabajo pero rara vez los animas por sus aportes positivos en tu vida? Si eres como la mayoría de nosotros, tienes abundantes bendiciones pero con frecuencia no las ves.

Si últimamente has estado mirando algunos pequeños puntos negros, hazte cargo de ellos. Reconoce que nadie te está obligando a *mantener* los ojos puestos en el punto negro. Has desarrollado el hábito de concentrarte en lo negativo y tu vida (y las de quienes te rodean) será enriquecida grandemente si comienzas a cambiar tu visión hacia la hoja blanca.

Tienes que hacer una elección entre: seguir mirando el punto negro y continuar diciéndoles a los demás todo lo que van mal en ti o comenzar a apreciar todas tus bendiciones. Parece una elección muy fácil, ¿cierto?

20

Cómo entrar a
un nuevo mundo

*"Tu mundo es una expresión viva de
cómo estás usando y has usado tu mente".*
Earl Nightingale

Durante mis presentaciones suelo plantearle esta pregunta a mi audiencia: "¿Cuántos de ustedes, en el transcurso de su vida, pasaron de tener una relativamente baja autoestima a tener un nivel mucho mayor de autoestima?" En un grupo de 100 personas, aproximadamente 10 levantan la mano.

Luego les pregunto a esas 10 personas: "Cuando cambiaron sus sentimientos hacia ustedes mismos, ¿cuántos vieron que atraían personas y circunstancias muy diferentes a su vida?" Inevitablemente, las 10 levantan la mano. Cuando les pido que expliquen qué sucedió después de haber aumentado sus sentimientos de valor propio, cuentan relatos sobresalientes e inspiradores acerca de los cambios positivos que han experimentado desde entonces hasta ahora. Algunos explican cómo progresaron en sus carreras. Otros describen orgullosamente cómo vieron mejoradas sus relaciones o conocieron a alguien maravilloso con quien luego se casaron. Al escuchar sus historias dirías que esas personas fueron introducidas a un nuevo mundo, uno en el que nunca antes habían vivido.

Antes de continuar sería útil tener una definición de autoestima. Una definición sencilla es que la autoestima es el grado en el que te agradas y valoras a ti mismo. Una de las mejores definiciones que he visto la dio Nathaniel Branden, autor de *The Six Pilars of Self-Esteem*. Él define la autoestima como "la disposición a verse a sí mismo con la capacidad de enfrentar las retos básicos de la vida siendo digno de ser feliz".

Volvamos a las historias relatadas por personas en mis conferencias. ¿Cuál es la explicación a los cambios que se dan en sus vidas? Lo que vemos es la Ley de la Atracción en acción, o el principio de "los semejantes se atraen". Atraes a tu vida aquello en lo que habitualmente vives y sientes que mereces. Tus pensamientos y sentimientos internos se proyectan y, como si fueran un imán, atraes condiciones que concuerdan con esos pensamientos y sentimientos.

Reconozco que no puedo mostrarte exactamente cómo opera la Ley de la Atracción. No es visible. Funciona "tras bambalinas" sin embargo es muy real. A continuación hay una analogía útil para explicar este principio, se trata de las estaciones de radio. Asumamos que hay 10 estaciones de radio que sintonizar. Las estaciones 1 a 3 son para quienes tienen baja autoestima, las estaciones 4 a 6 son para quienes tienen una autoestima intermedia y las estaciones 7 a 10 están reservadas para quienes se sienten bien consigo mismos. Esto es excesiva simplificación, claro, pero sigamos.

Ahora asumamos que tu vida está siendo "transmitida" en la estación 5. Tu autoestima está en rango medio. Te vas a dar cuenta que la mayoría de personas que atraes están en las estaciones 4 a 6. Así que estás interactuando con personas que están en una "frecuencia" similar. De vez en cuando te encuentras con gente de otras estaciones. Pero no te sientes a gusto pasando mucho tiempo con los de la estación 2, ni tampoco sentirías que encajas en la estación 8.

Todo tiene que ver con lo que tú crees que mereces. Así que atraes personas y circunstancias que confirman tus sentimientos de valor propio.

La elección de quién atraer se hace bajo la superficie, al nivel de la mente subconsciente. Nadie dice conscientemente, "quiero atraer personas que no me traten bien o que no me aprecien". Pero al nivel del subconsciente, sienten que eso es lo que merecen. Esos sentimientos y creencias con frecuencia se forman durante la niñez. A menudo recreamos las relaciones que vivieron nuestros padres.

Piensa en las relaciones íntimas que has tenido a lo largo de tu vida. Piensa en tus relaciones laborales. ¿Ves algunas similitudes en las relaciones que tus padres tuvieron? Su ejemplo está profundamente arraigado en tu mente, así lo notes o no. Es cierto que algunas personas generan relaciones y experiencias opuestas a las de sus padres, pero esa es más la excepción.

AVANZANDO

El concepto de entrar a un nuevo mundo y llegar al siguiente nivel no se limita a quienes sienten que tienen una autoestima baja o mediocre. También está disponible para quienes tienen una autoestima elevada. Después de todo, siempre es posible desarrollar un nivel más elevado de autoestima y al hacerlo, las circunstancias de tu vida mejorarán dramáticamente. Sólo se pone mejor y mejor.

¿Cómo aumentar tu nivel de autoestima para aprovechar la Ley de Atracción? A continuación hay unas técnicas útiles.

Ocúpate de las personas y circunstancias que has atraído hasta ahora. Si sigues creyendo que fuerzas ajenas a ti son las responsables de tus relaciones y circunstancias, vas a seguir estancado. Cuando aceptes que eres la causa de tu situación actual, harás elecciones diferentes para avanzar, hecho que atraerá a otras personas y nuevas condiciones.

Extiéndete más allá de tu zona de comodidad. La autoestima no se desarrolla con sólo pararse ante el espejo y decir "me amo". Como lo sugiere la definición de Nathaniel Branden, la autoestima contiene un elemento de competencia. Debes involucrarte en la vida y sentirte capaz. Cuando te sientas en los extremos y te rehúsas a explorar los límites de tu potencial, te sientes ahogado. Sabes que hay mucho más que experimentar en la vida, pero aún así retrocedes. Esto rebaja tu autoestima. Reactívala retándote a ir más allá de lo conocido. Adquiere una nueva destreza. Toma clases de oratoria. Postúlate para el cargo que siempre has querido en tu empresa pero al que has temido aspirar. No importa si eres exitoso. Elevarás tu autoestima de inmediato al "meterte en el juego".

Cambia tu vocabulario. No puedes tener una autoestima elevada cuando constantemente te degradas. Lo que dices de ti mismo importa. Por ejemplo, de ahora en adelante, cuando alguien te haga un cumplido, responde diciendo "gracias". Si rechazas el halago, como muchos lo hacen diciendo "ah, no es nada", te estás comunicando a ti mismo que no mereces los reconocimientos y atraerás a personas que confirmaran tus bajos sentimientos de valor propio.

Respétate a ti mismo. Nadie te va a respetar hasta que tú mismo te respetes. Así que, cuando alguien te haga un comentario abusivo o te degrade, deja bien claro que no aceptas esa clase de lenguaje. No tienes que discutir para demostrarle a esa persona que está "equivocada". A medida que muestres más y más respeto por ti mismo, encontrarás que ya no vas a atraer más gente abusiva a tu vida. Estarás funcionando en una "frecuencia" más elevada y ahora atraerás a otros que te estimarán en lugar de criticarte. ¡Ésa es la Ley de la Atracción en acción!

Todos somos imanes humanos y nuestros pensamientos y sentimientos atraen a ciertas personas y circunstancias a nuestra vida. A medida que te valores más, entrarás a un nuevo mundo de posibilidades. ¡Tienes por delante momentos emocionantes!

21

Grandes adversidades, grandes victorias

"Todo viene y se va, todo tiene sus mareas; todas las cosas suben y bajan; la oscilación del péndulo se manifiesta en todo; la medida del columpio a la izquierda es la medida del columpio a la derecha".

El Kybalión

Napoleon Hill, autor de *Piense y hágase rico*, entrevistó a cientos de las personas más exitosas a comienzos de los años 1900, incluyendo a Henry Ford, Thomas Edison y Andrew Carnegie. Después de hacer estas extensas entrevistas, Hill observó que los más grandes triunfos de estas personas venían detrás de sus grandes fallas y decepciones. Interesante, ¿cierto?

Desde luego, el principio también funciona a la inversa. Si tienes una victoria, puedes esperar tener una adversidad o dificultad correspondiente. Para efectos de este artículo, nos vamos a concentrar en los eventos aparentemente negativos que preceden a los triunfos.

Un texto antiguo conocido como *Kybalión* contiende una discusión sobre la Ley Del Ritmo, que incluye la metáfora del péndulo. El péndulo oscila a la izquierda y luego a la derecha. Esto se aplica a todas nuestras experiencias de vida y estados de ánimo. Según esta noción, quienes experimentan grandes CAÍDAS, posteriormente experimentarán grandes ASCENSOS.

Comencemos mirando unos ejemplos del mundo del deporte. Considera el camino que los Red Sox de Boston recorrieron para ganar la Serie Mundial de 2004. Los Red Sox no habían ganado ningún campeonato mundial en 86 años y habían sufrido muchas agonizantes derrotas en la Serie Mundial durante ese largo periodo. Para llegar a la Serie Mundial de 2004, los Red Sox tenían que derrotar a los Yankees en una serie de siete juegos. Para empeorar las cosas, su mejor lanzador, Curt Schilling, sufrió una terrible lesión en el pie derecho justo antes que comenzara la serie.

Los Yankees ganaron los tres primeros juegos de la serie. El tercero lo ganaron con un abrumador marcador de 19 a 8, y todo el mundo dio por fuera a los Red Sox. ¡Hablando de estar en dificultades! En la Historia del Béisbol de Postemporada, 25 equipos habían enfrentado esta situación, perdiendo 3 a 0. Ninguno de ellos había podido ganar cuatro juegos seguidos.

Los Red Sox ganaron dos juegos seguidos en Boston, poniendo 3 a 2 la serie. Luego fueron a New York a jugar los últimos dos juegos en el Estadio de los Yankees. Milagrosamente ganaron los dos juegos en New York, ganando así la serie 4 a 3. Luego vencieron a los Cardinals cuatro juegos seguidos y así ganaron la Serie Mundial. La mayoría de equipos, y, más que todo, las personas, renuncian cuando enfrentan dificultades como la de los Red Sox. Pero los Red Sox persistieron y convirtieron unas grandes adversidades en un triunfo inolvidable.

Otro ejemplo del mundo de los deportes es la gimnasta Mary Lou Retton. Después de entrenar con gran disciplina durante los años previos a los Olímpicos de 1984, Mary Lou sufrió una lesión en una rodilla justo seis semanas antes de los Olímpicos. Se rompió un cartílago de la rodilla y requería cirugía. El médico le dijo que no podía competir en los Olímpicos y que iba a requerir una rehabilitación de tres meses. Mary Lou no aceptó la predicción del médico y no iba a renunciar a un sueño por el que se había esforzado tanto. En lugar de hacerlo en tres meses, terminó su rehabilitación en tres semanas, fue a los Olímpicos y ganó cinco medallas olímpicas, incluyendo una medalla de oro individual. La vida probó a Mary Lou dándole una gran adversidad en el último momento. Pero debido a su gran actitud y fe, ella superó ese obstáculo para llegar a ser una campeona olímpica.

A otro gran atleta, Lance Armstrong, le fue diagnosticado cáncer en 1996 y tenía el 50% de probabilidades de sobrevivir. Como seguramente sabes, ganó siete campeonatos Tour de Francia consecutivos. Desde el borde de la muerte, hasta los logros más impresionantes en la Historia del deporte. ¡Definitivamente el péndulo dio un gran giro en la dirección opuesta de la vida de Lance!

Desde luego, este principio no está limitado a los deportes. Cuando pienso en alguien que convirtió una gran adversidad en una extraordinaria victoria, Candace Lightner viene a mi mente. En 1980, en California, Candace recibió la noticia de que su hija de 13 años había muerto cuando un conductor ebrio la arrolló por detrás sobre la acera. Para empeorar las cosas, el conductor era un infractor reincidente que había salido bajo fianza.

Es difícil imaginar algo más trágico que perder a tu hijo de esa manera. ¿Quién podría culpar a Candace si hubiera decidido darse por vencida y volverse negativa? Pero eso no es lo que ella hizo. Sólo cuatro meses después de la muerte de su hija, Candace y un grupo de mujeres en California crearon una organización llamada MADD, Mothers Against Drunk Driving. Supongo que MADD te suena familiar. Este grupo ha tenido un gran impacto en el cambio de las leyes en contra de los conductores ebrios y educando a la gente, creando consciencia acerca de manejar embriagado. De nuevo, una aplastante adversidad sentó el fundamento para una impactante victoria.

No tienes que crear una organización nacional ni convertirte en una celebridad para activar este principio ya que todo el tiempo está funcionando en tu vida. Es más, el concepto no está limitado a adversidades monumentales y decepciones. El grado en el que el péndulo oscila de un lado, conducirá a una oscilación equivalente del lado opuesto.

Permíteme ilustrarte un poco más. ¿Alguna vez tuviste un empleo del cual fuiste despedido o bajado de cargo y luego pasaste a encontrar un mejor empleo o iniciaste tu propia empresa? ¿Alguna vez tuviste una relación con alguien que terminó en ruptura y quedaste devastado para luego pasar a tener otra mejor relación? Y qué tal esta: estás buscando una casa o apartamento y encuentras la que crees que es la vivienda de tus sueños. Estás muy emocionado. Y luego, por algún motivo, el trato se cae y no puedes comprar. Entonces algo más surge, otro sitio, incluso mejor que tu ¡casa soñada inicial! Entonces te alegras mucho porque el trato inicial haya fallado. En cada caso hubo una adversidad antes que un resultado positivo.

Cuando sufres una adversidad es natural que te sientas frustrado y decepcionado. Pero no permitas que estas dificultades destruyan tu actitud y no te des por vencido. Recuerda que las dificultades preceden a las victorias. Emociónate ante las posibilidades que hay reservadas cuando el péndulo vuelva en la dirección opuesta.

22

¡Comienza a cavar!

"Una vez estés en movimiento, sigue moviéndote".
Ronald Alan Weiss

Poco después que mi esposa y yo nos mudáramos a nuestra casa hubo una gran tormenta de nieve en la Costa Este que dejó cerca de 30 pulgadas de nieve en nuestra entrada. El camino es de casi 35 pies y la primera vez que salí a evaluar la situación la tarea de apalear se veía monumental. De inmediato pensé: "¡Esto me va a tomar una eternidad!".

Me quedé ahí como 30 segundos mirando qué podía hacer, sintiéndome más que desanimado. Luego tomé mi pala y empecé a cavar en la nieve. Me estaba moviendo a buen ritmo y afortunadamente la nieve estaba suave. Casi diez minutos después tomé un pequeño descanso y vi que había hecho un avance significativo en el trabajo. Como pude ver tal progreso, sentí el impulso para continuar de inmediato.

Como 30 minutos después de haber comenzado había terminado casi la mitad del camino de la entrada. También evalué lo que me faltaba por hacer, pero contrario a 30 minutos antes, ahora veía el final. Esto me motivó más a seguir retirando la nieve vigorosamente. ¡Como una hora después había terminado de despejar todo el camino de entrada! Sentí una tremenda oleada de energía y estaba listo para hacer más. Probablemente has sentido una emoción similar después de finalizar un proyecto importante. Sin embargo decidí que ya había hecho suficiente y tomé un muy merecido descanso.

Jeff Keller: Principios inquebrantables del éxito   97

Después de pasar unos minutos sentado adentro, vi que el trabajo de retirar la nieve tenía mucho que ver con el camino hacia alcanzar nuestros objetivos y lograr nuestros anhelados sueños.

Más importante aún, comprendí la importancia que tiene el hecho de iniciar cualquier proyecto con energía. No creo mucho en la popular frase "comenzar es ganar". En mi experiencia, *perseverar* es ganar. Sin embargo, comenzar es el primer paso crucial si quieres alcanzar cualquier meta o explorar nuevos caminos. Emprender algo con energía es muy importante porque después de un tiempo relativamente corto verás progreso. Eso te da el impulso para seguir avanzando.

Con esto no estoy sugiriendo que debes evitar planear y apresurarte a iniciar un proyecto con mucha despreocupación. Definitivamente investiga. Pero cuando comiences, deja la plataforma de salida con fuerza y rápidamente. Es mucho más efectivo que tocar el agua con tu dedo. Cuando te zambulles en el agua te sientes emocionado y ya estás en movimiento. Cuando tocas el agua con el dedo, vacilas y tiendes a quedarte quieto por largos periodos de tiempo.

Desde luego, lo peor que puedes hacer es seguir hablando de lo que vas a hacer mientras no actúas. Tristemente éste es el método que muchos usan. Están presos en la trampa de "algún día yo...". Tú sabes cómo es:

Algún día iniciaré la rutina de ejercicios...

Algún día haré un viaje a Hawái...

Algún día volveré a estudiar para obtener mi título...

Algún día escribiré un libro...

Algún día haré algo de actuación o cantaré...

"Algún día yo..." consume tus energías y te mantiene estancado. ¡Es mucho más efectivo tomar la pala y comenzar a cavar! De esa forma, en lugar de hablar de hacer ejercicio, comienzas a ejercitarte. En lugar de hablar de volver a estudiar, te inscribes a clases. En lugar de hablar de escribir un libro, te sientas ante la computadora, creas un boceto y comienzas a escribir.

Cuando tomas la pala y comienzas a cavar lo más pronto posible, obtienes otro beneficio: logras tu objetivo en menos tiempo del que inicialmente pensaste. Digamos que quieres hacer un viaje a Hawái, "algún día". Has tenido este deseo por años pero cada vez que el pensamiento llega a tu mente piensas en todos los obstáculos que se te interponen. No tienes el tiempo ni el dinero. Así que archivas tu deseo esperando a ver si "algún día" llegas a realizarlo.

Ésta es una mejor manera de asegurarte de hacer ese viaje a Hawái y más pronto de lo que crees. Hoy comienza a consultar información como si fueras a viajar de inmediato. Averigua qué aerolíneas vuelan allá. Verifica las tarifas aéreas incluyendo cualquier descuento especial que esté en oferta. Busca en línea los hoteles o sitios que podrías rentar durante tu visita. Mientras investigas en internet, busca imágenes de Hawái y de todo lo que más puedas de las islas, lo cual te emocionará aún más. ¡Ahora estás cavando más rápido y con más fuerza!

Varias cosas van a suceder como consecuencia de tu trabajo. Verás que el viaje es más asequible de lo que inicialmente pensaste. Además estarás tan emocionado que encontrarás una manera de ganar el dinero extra que necesitas para pagar el viaje. Incluso querrás abrir una "cuenta de vacaciones" en el banco y comenzar a juntar fondos para hacer tu sueño realidad. Ves, ahora estás pensando activamente en Hawái y la forma cómo puedes hacer realidad esas vacaciones, en lugar de pensar en todos los obstáculos que hay en tu camino.

Cuando comienzas a cavar te involucras más activamente en la forma de generar el resultado que deseas. Sientes entusiasmo e impulso. Probablemente enfrentes obstáculos pero sabrás superarlos.

Muchos de nosotros no tomamos la pala porque tememos no estar listos para perseguir nuestro sueño. Queremos que todo esté perfectamente alineado para andar un camino claro, sin desvíos inesperados, sin críticas ni decepciones. Pocas veces encontrarás una situación con condiciones tan ideales. Ésta es sólo una excusa para nunca comenzar. Cuando tu corazón y mente se involucran activamente y te emocionas respecto a lograr algo, simultáneamente estás dirigiendo tu subconsciente a hallar la manera de obtenerlo.

Y la mente subconsciente hará el trabajo por ti, generalmente de formas milagrosas.

Entonces, ¿hay algunas metas o sueños que has estado posponiendo o en los que no has actuado? De ser así, ponte las botas, esfuérzate y comienza a cavar ¡hoy mismo!

23

Anatomía de un milagro

"Comienza aquello que anhelas hacer o que sueñes con poder hacer. ¡La audacia tiene genialidad, poder y magia en sí!".

Johann Wolfgang Von Goethe

A medida que los últimos segundos del juego se agotaban, millones de personas de todo el mundo no podían creer lo que estaba por suceder. Y mientras el juego terminaba, escuchamos las famosas palabras del narrador Al Michael: "¿Crees en milagros?"

Eso fue un milagro. El mayor vuelco en la historia del deporte.

Sí, me refiero a la victoria del equipo olímpico estadounidense de Hockey de 1980 frente a la Unión Soviética en Lake Placid, New York. El equipo americano ganó la medalla de oro ese año.

Recordemos lo que estaba enfrentando el equipo americano y por qué esta victoria en contra de los soviéticos fue un verdadero "milagro". Al llegar a los Juegos Olímpicos de 1980, el poderoso equipo profesional de Hockey soviético había ganado cuatro medallas de oro consecutivas y era invencible en los Juegos Olímpicos desde 1968. En 1979, los soviéticos habían derrotado 6 a 0 al equipo profesional de todas las estrellas de la Liga Nacional De Hockey.

Por otro lado, el equipo de los Estados Unidos era un grupo de jugadores universitarios sin experiencia. Poco antes de los Olímpicos de 1980 los soviéticos habían jugado contra el equipo olímpico de los Estados Unidos en un juego de exhibición, humillándolos con un marcador de 10 a 3. Todo el mundo sabía que estos jugadores universitarios no tenían cómo competir y mucho menos cómo derrotar a los soviéticos. Todo el mundo excepto una persona, Herb Brooks, quien fue el entrenador del equipo de los Estados Unidos en 1980.

Brooks creyó que podía ocurrir un milagro. Él intuía que Estados Unidos ganaría la medalla de oro, así eso significara derrotar al "invencible" equipo soviético. En 2004, Walt Disney Pictures lanzó una película acerca del entrenador Brooks y el equipo olímpico estadounidense de 1980 acertadamente titulada "Milagro". Es una maravillosa e inspiradora película protagonizada por Kurt Russell como el entrenador Brooks. Después de haber visto esa película recientemente, no pude dejar de notar que aunque cada milagro es único, hay algunos elementos que la mayoría de milagros tienen en común. Por ejemplo:

Un milagro es el resultado de un GRAN sueño. Es difícil imaginar un sueño más audaz o intrépido que el de Herb Brooks. ¿Cómo podría él pretender que convertiría a un grupo de jugadores de hockey universitarios en un equipo que habría de derrotar a los poderosos soviéticos? Recuerda, el equipo soviético era considerado como invencible. Pero Brooks se dio la oportunidad de soñar que estaba entrenando al equipo que derrotaría a esa potencia.

Mira, muchos tienen sueños pequeños pero no hay mucho entusiasmo en perseguirlos. Son los sueños grandes los que te hacen mover la sangre y los que hacen que otros se unan a ti en la búsqueda.

La gente con frecuencia se pregunta: "¿Cómo sé si debería perseguir mi sueño o si sencillamente es "iluso?". Richard Bach dijo: "Nunca se te concede un deseo sin también concederte la capacidad de hacerlo realidad". Así que si tu "sueño" te habla constantemente y hay gran emoción unida a él, esa es una señal positiva. Entonces, de nuevo, si quieres lograr algo pero no sientes escalofríos cuando piensas en eso, es muy probable que esa meta no te esté impulsando ni llegues a estar dispuesto a hacer lo que sea necesario para hacerla realidad.

Un milagro no se logra sólo con talento. En la película hay una gran frase en la que el entrenador Brooks les dice a sus jugadores: "Ustedes no tienen tanto talento como para ganar sólo con él". No se podía negar que el equipo soviético tenía más talento que los jóvenes americanos. Pero Brooks sabía que el equipo con los mejores talentos no siempre gana. Al seleccionar el equipo de entre los cientos de jugadores universitarios que lo intentaron, Brooks sorprendió bastante cuando sacó a muchos jugadores talentosos. Prefirió elegir jugadores que no tenían tantas habilidades pero que sí encajaban dentro de su exclusivo sistema y que tenían el carácter mental que él deseaba.

Un milagro requiere pensamiento creativo. Otros equipos de Norteamérica habían intentado derrotar a los soviéticos jugando un hockey al "estilo norteamericano". ¡Lo que Brooks entendió es que ese estilo de juego no estaba funcionando! En otras palabras, los soviéticos habían ganado contra esa estrategia una y otra vez. Brooks decidió usar una maniobra diferente dejando a un lado el tradicional estilo norteamericano. Estaba dispuesto a innovar, a desarrollar un nuevo sistema que exigiera un mayor acondicionamiento, más disciplina y más velocidad. Él sabía que para sus jugadores sería retador aprenderlo y ejecutarlo, pero su disposición a innovar finalmente dio como resultado la medalla de oro.

Un milagro requiere sacrificio fuera de lo común. Nadie ha dicho que un milagro se presenta con facilidad. Herb Brooks advirtió a sus jugadores que tendrían que ser hombres "poco comunes" para derrotar a los soviéticos y ganar la medalla de oro. Tendrían que desarrollar un nivel de condición física superior. Sus sesiones de práctica eran enloquecedoras. La escena más memorable de la película tiene lugar durante uno de los juegos de exhibición que el equipo jugó como preparación para los Olímpicos. El equipo de los Estados Unidos no se había esforzado por completo y al finalizar el juego, Brooks llamó al hielo a sus ya cansados jugadores y los hizo hacer "carreras" de un lado al otro en la pista. ¡No paró aunque ya habían apagado las luces de la cancha! Su mensaje: si queremos lograr un milagro, debemos darlo todo en cada segundo de cada juego.

Un milagro por lo general es un esfuerzo de equipo. Cuando te propones lograr un milagro, te engañas a ti mismo si crees que vas a hacerlo solo. Los logros extraordinarios requieren un grupo de personas esforzándose por alcanzar una meta en común. Brooks reunió un grupo que jugaba como equipo con sus egos individuales bajo control.

Un milagro con frecuencia es inspirado por la adversidad. Herb Brooks fue un excelente jugador de hockey en su juventud. En 1960 intentó ingresar al equipo olímpico de los Estados Unidos y fue el último en ser sacado de la selección. Ese equipo ganó la medalla de oro. ¿Imaginas la decepción que debe haber sentido al perder una medalla de oro como jugador? Esa adversidad lo motivó a obtener una medalla de oro como entrenador.

Es fácil pensar que los milagros son para "los demás", para quienes vemos en televisión o de quienes leemos en los periódicos. Pero aún así hay en nosotros una parte interna que nos dice que nosotros también podemos hacer milagros. Renta la película "El Milagro" y reaviva tu habilidad de hacer hazañas extraordinarias. (La versión en DVD incluye una entrevista con Herb Brooks, quien murió trágicamente en un accidente antes que la película fuera lanzada).

No tengo cómo asegurarlo pero apuesto que lo que quieres alcanzar no es tan monumental como lo que Herb Brooks se propuso hacer en los Olímpicos de 1980. Probablemente es hora que te embarques en un sueño audaz usando tu propio método innovador y la disposición a persistir ante todos los obstáculos. Luego, algún día, ¡probablemente terminemos viendo la película de TU milagro!

24

La recompensa de un millón de dólares

"Haz siempre más de lo que se te pide".

George F. Patton

Un cliente en África hizo un pedido de algunos de nuestros materiales motivacionales y nos envió un cheque de un banco de New York. Yo fui al banco a depositar el cheque. Al entrar a la oficina del banco esa mañana, vi a la persona que maneja las cuentas empresariales. Llamémosla Jane. Antes de depositar el cheque se lo mostré a Jane, sólo para asegurarme que no fuera a haber retrasos en la acreditación de los fondos a mi cuenta. Ella me afirmó que todo se veía bien y que la institución financiera de New York pagaría el cheque oportunamente.

No volví a pensar al respecto hasta cuando revisé mi correo 6 días después y vi un sobre de mi banco. Dentro del sobre había una COPIA del cheque de nuestro cliente africano con la anotación informando que el cheque había sido devuelto "sin pagar".

Uno o dos días después fui a la oficina del banco y hablé con Jane. Ella miró la copia del cheque y no podía entender por qué había sido devuelto sin pagar, ni sabía explicarme qué había sucedido con el cheque original. Prometió averiguar e informarme más tarde ese mismo día. No supe nada de Jane, así que la llamé al día siguiente.

Ella dijo que había contactado al banco en New York pero no había obtenido respuesta hasta ese momento.

Como tres días después llamé a Jane y ella me dijo que todavía estaba trabajando en eso pero aún no obtenía respuesta del banco de New York. Tres semanas más pasaron y volví a ir a mi banco. Jane no había obtenido ninguna respuesta pero me aseguró que estaba trabajando diligentemente en eso.

Es cierto, yo estaba perdiendo la paciencia. Exasperado miré a Jane y le dije: "Si hubiera una recompensa de un millón de dólares para que el banco definiera en 24 horas por qué ese cheque fue devuelto sin pagar, creo que el banco encontraría de inmediato la respuesta para reclamar la recompensa".

Jane me aseguró que seguiría con el proceso. Algo es seguro: Jane no tenía la mentalidad de la "recompensa de un millón de dólares". Estaba conforme con hacer una llamada aquí y allá y luego esperar pasivamente una respuesta. Si hubiera tenido el enfoque de la recompensa de un millón de dólares, creo sin dudarlo que habría solucionado el asunto en unas pocas horas.

En caso que te estés preguntando, la historia tiene un final feliz, (¡por lo menos para mí!). Mi cliente en África se enteró que el cheque no había sido pagado. El presidente de la compañía fue lo suficientemente amable como para contactar a su banco en África y pedirle que averiguara lo sucedido. Un día después obtuve una respuesta.

Mi banco perdió el cheque original y envió una fotocopia al banco de New York, el cual la rechazó porque mi banco no informó que el original se había perdido. Cuando mi banco proporcionó esa declaración, el cheque fue pagado de inmediato y los fondos fueron acreditados a mi cuenta.

¿No te parece interesante que unas pocas personas en África con la mentalidad de la recompensa de un millón de dólares hayan logrado solucionar el enigma en un día, mientras mi banco, ubicado en el mismo estado en donde el cheque fue emitido no haya podido hacerlo en un mes?

No me malinterpretes. Jane es una persona muy amable. Pero no tenía la mentalidad de la recompensa de un millón de dólares.

Como consecuencia les prestaba un servicio de baja calidad a los clientes del banco.

Todos hemos tratado con personas o empresas que trabajan con la mentalidad de la recompensa de un millón de dólares. Van la milla extra y proceden con un sentido de urgencia. No permiten que las circunstancias u otras personas decidan la calidad del servicio que prestan. Hacen que las cosas sucedan lo más pronto que pueden. Se interesan personalmente en cada cliente sin importar la cantidad del dinero en cuestión.

Observa la forma como haces tu trabajo. ¿Actúas como si un millón de dólares de recompensa estuvieran en juego dependiendo de tu desempeño? ¿Prestas el servicio de la manera en que te gustaría que te trataran si fueras el cliente?

Al fin de cuentas, la mentalidad de la recompensa de un millón de dólares es una "actitud". Es la forma en que abordas tu trabajo. Puedes ir la milla extra y servir a otros con un sentido de urgencia... o revolver papeles, hacer unas llamadas y luego esperar que todo se dé.

Nunca olvides que la mentalidad de la recompensa de un millón de dólares no se trata únicamente de ayudar a otros. Tiene que ver con ayudarte a ti mismo. En tu lugar de trabajo, de lejos puedes notar a quienes tienen la mentalidad de la recompensa de un millón de dólares. Esas son las personas que avanzan y a la larga serán recompensadas.

No estoy insinuando que debes trabajar a toda velocidad y correr por todas partes. No se trata de velocidad. Y, desde luego, algunas cosas tendrán más prioridad que otras. De lo que esto realmente se trata es de *cuidar*, cuidar de tus clientes, cuidar la calidad de tu trabajo e interesarte lo suficiente como para asegurarte de que otros están siendo atendidos.

Hazte un favor a ti y a tus compañeros de trabajo y clientes: cuando tengas una tarea para hacer, piensa que hay una recompensa de un millón de dólares dependiendo de tu desempeño. Y antes que digas que no puedes hacer algo, hazte esta pregunta: si hubiera una recompensa de un millón de dólares por terminar esta tarea, ¿podría hacerlo? Sencillamente te vas a sorprender de todo lo que es posible.

25

¡Sé irrealista!

"Nunca se te concede un deseo sin también
concederte la capacidad de hacerlo realidad".
Richard Bach

Cuando realizas un trabajo para el que estás bien preparado, es muy probable que surjan algunas GRANDES metas en tu mente, grandes ideas con excelentes resultados que te beneficiarán y seguramente a muchos otros también. Pero si eres como la mayoría de personas, es igual de probable que una pequeña vocecita en tu cabeza de inmediato rechace esas metas como locas, escandalosas y, claro, ¡*irrealistas!* Después de todo, ¿cómo podrías tú esperar tener un resultado tan increíble?

Démosle una mirada más de cerca a la palabra "irrealista". ¿Era realista que John F. Kennedy proclamara a comienzos de los años 1960 que pondríamos a un hombre en la luna al final de esa década? ¿Era realista pensar en 1990 que millones de personas de todo el mundo intercambiarían correos electrónicos todos los días? ¿Era realista creer que una oveja podía ser clonada?

Seguramente admitirás que todas estas ideas fueron irrealistas en algún momento. Y aún así ¡todas se lograron! ¿Por qué? Porque ciertas personas se atrevieron a "soñar en grande" y dieron los pasos necesarios para hacer realidad sus visiones. Toma un momento para pensar en eso. ¿Hay algunas metas en las que te has dado por vencido o vacilas en perseguir porque has decidido que son "irrealistas"?

Permíteme compartir algunas de mis propias experiencias. Veinte años atrás llegué a sentirme deprimido y muy infeliz con mi carrera como abogado (tampoco entendía ningún concepto de desarrollo personal). En ese entonces era irrealista pensar que yo llegaría a viajar por todo el país hablando en público acerca de actitud y motivación. Era irrealista que cada año miles de personas fueran a escuchar mis programas de audio o leer mis artículos sobre cómo tener una vida más feliz y exitosa. Dicho de otra forma, si veinte años atrás me hubieras dicho que yo iba a hacer estas cosas, ¡te habría dicho que estabas loco!

Por favor entiende que no menciono esto para darme una palmada en la espalda, sino para hacer énfasis en lo "irrealista" que ha sido mi propio camino. Tú también puedes alcanzar metas sobresalientes e "irrealistas". A continuación encontrarás unas ideas que te ayudarán a hacer realidad tus sueños:

1.   **No tendrías el sueño a menos que pudieras realizarlo.** Vuelve a leer la cita de Richard Bach al comienzo de este artículo. El Universo no desperdicia sus esfuerzos cuando te da el deseo de lograr algo a menos que tengas el potencial de hacerlo. Ahora, ¡nadie ha dicho que sería fácil! Tu meta puede tomar años y contener muchas adversidades antes de cantar victoria.

2.   **Una actitud positiva es la base.** Puedes lograr algo extraordinario sólo si tienes una actitud positiva y dinámica junto con una fuerte confianza en ti mismo y en tus habilidades.

3.   **No esperes que otros sientan y vean tu visión.** Imagina el resultado en detalles vívidos. Esa es *tu* visión personal, así que no te desanimes cuando veas que otros (incluso personas cercanas a ti) no se "sintonicen" con tu sueño. Todo lo que importa es que *tú* lo veas... y lo sientas. Asegúrate de mantenerte alejado de personas negativas que te dirán que estás siendo tonto y que vas a fracasar. No, no necesitas la aprobación de los demás.

4.   **El entusiasmo es crucial.** Quienes están "ansiosos" por lograr objetivos audaces son los que los logran. Entonces, ¿tu meta te emociona? Cuando hablas del tema con otros, ¿sienten tu pasión? Si eres tibio en cuanto a alcanzar tu meta o sólo te interesa por el

dinero, probablemente no tengas éxito. Además, si estás tratando de lograr una meta que alguien más ha trazado para ti pero en la que no está tu corazón, enfrentarás decepción.

5. **El compromiso completa el trabajo.** Seguro, muchos se emocionan al principio pero rápidamente pierden interés cuando surgen obstáculos en su camino. Y con cualquier meta "irrealista", con seguridad el viaje no será solamente diversión y juegos. Vas a enfrentar algunos tiempos difíciles en el camino hacia tu meta. Quienes están comprometidos han decidido que permanecerán en su proyecto a largo plazo, *no importa cuán largo sea ese plazo.* Usualmente tienen un programa para la realización de su sueño, pero renunciar, sencillamente no es una opción. Esa es la mentalidad que logra lo "imposible".

6. **Tu progreso diario parecerá insignificante.** Cuando veas los logros de las metas más "irrealistas", encontrarás que fueron alcanzadas mediante la habilidad de aprovechar esfuerzos acumulativos. Así que, si vemos una imagen de cada día a lo largo del camino, el logro de un sólo día no parecerá extraordinario o monumental. Sin embargo, al realizar estos esfuerzos día tras día, cada movimiento creó el impulso que propulsó al soñador hacia el destino deseado. Recuerda, una montaña no se escala con un salto gigante.

7. **No hay garantías.** A propósito, ¿existe la posibilidad de que te embarques en una meta retadora y *no* la alcances? Claro que sí. Pero cuando trazas un objetivo ambicioso y das todo de ti para eso, eres un ganador y puedes mantener tu cabeza en alto a pesar del resultado final.

Entonces, ¿crees que tienes la capacidad para duplicar o triplicar tus ingresos, encontrar una idea que valga miles o incluso millones de dólares para tu empresa? ¿Hay algo que quisieras lograr en tu comunidad pero te has estado preguntando qué podrías hacer tú como individuo para hacer una diferencia? Cualquiera que sea tu gran sueño, no te preocupes si es "irrealista". Todos los días la gente alcanza metas "irrealistas". Como lo dijo Thomas Edison: "Si todos hiciéramos las cosas de las que somos capaces, literalmente nos asombraríamos de nosotros mismos".

26

¿Qué hay dentro de tu burbuja?

"No permitiré que nadie camine por
mi mente con sus pies sucios".
Mahatma Gandhi

¿Alguna vez has visto la película de televisión *The Boy in the Plastic Bubble*? Lanzada en 1976 y protagonizada por John Travolta, la película se basó en la historia real de un adolescente cuyo sistema inmune no funcionaba. Como consecuencia, era vulnerable a los gérmenes más comunes con los que todos tenemos contacto a diario. Como el chico podía morir al exponerse a gérmenes, tenía que vivir dentro de una burbuja de plástico la cual servía como ambiente estéril para protegerlo.

Aquí hay una conexión con nuestra vida. En cierto sentido todos vivimos dentro de una "burbuja", un entorno que creamos conformado por las influencias que permitimos a nuestro alrededor. Esas influencias incluyen las personas con quienes interactuamos, los materiales que leemos, lo que vemos en televisión y cosas así. Podemos permitir la entrada a nuestra burbuja de influencias positivas, negativas o una mezcla de ambas.

Las influencias que permites entrar en tu entorno tienen acceso a algo muy valioso: ¡tu mente! Lo que invitas a tu mente afecta lo que piensas y cómo te sientes. Eso a su vez, forma tu actitud, tus creencias, tus comportamientos, y a la larga, tus resultados.

De vez en cuando es una buena idea reevaluar lo que has permitido que entre a tu burbuja. A continuación hay unas sugerencias para hacer que tu burbuja sea más positiva de modo que tengas una vida más feliz y productiva:

Limita tu exposición a las noticas televisivas. Ahora somos bombardeados con negatividad en los llamados noticieros. A eso lo llamo "locura mediática". Los ataques terroristas, los crímenes y otras tragedias son dominantes. Pocas veces escuchas historias edificantes. En lugar de eso, las presentaciones noticiosas se concentran en violencia y destrucción que con frecuencia incluyen imágenes gráficas para arraigar aún más el horror en tu cerebro. Pero ¿por qué parar ahí? La mayoría de informes noticiosos ahora tienen un "letrero" que va corriendo a lo largo de la pantalla informando sobre noticas negativas adicionales mientras escuchas acerca de otras catástrofes. Si te quedas viendo esos programas por horas y horas, estás permitiendo que una avalancha de oscuridad entre a tu mente. Con sólo ver noticias durante 10 minutos logras estar al tanto de los sucesos actuales. No permitas que ese material venenoso entre a tu burbuja por mucho tiempo, ni que la negatividad haga mella sobre tu éxito y bienestar.

Mantén relaciones edificantes. En este punto me refiero a tus relaciones circunstanciales, aquellas que te permiten la opción de elegir si pasar tiempo o no con ciertas personas. Esto incluye tus amigos y también gente con quienes pasas tiempo en el trabajo. Por ejemplo, tienes el hábito de pasar tiempo con personas negativas durante el almuerzo, escuchándolas quejarse de esto o aquello, o incluso involucrándote tú mismo en "chismes de corredor". Esa es tu elección y tienes libertad para preferir estar con gente más positiva o simplemente almorzar solo. Cuando invitas gente negativa a entrar a tu burbuja, constantemente verterán sus comentarios negativos dentro de tu mente. Eso ayuda a ahogar tu actitud y tus sueños.

Piénsalo, ¿cómo te sientes cuando estás cerca de esos profetas de perdición? Quedas agotado porque ellos te quitan energía. Por otro lado, quienes son positivos y te ofrecen apoyo, te dan una inyección de energía y te ayudan a impulsar tu actitud. Considera qué personas hay en tu burbuja y si necesitas hacer algunos ajustes.

Programa tu mente con materiales positivos. Si dijera que tu actitud y tus creencias están dictando el curso de tu vida, muchos asentirían. Pero déjame preguntarte esto: ¿cuánto tiempo pasaste hoy evaluando tu actitud? ¿Cuánto tiempo tomaste hoy para concentrarte en tus creencias? ¿Cuánto tiempo invertiste hoy para considerar tu enorme potencial? Lo más probable es que no hayas pasado nada de tiempo pensando en estos aspectos vitales.

Ya sea que quieras admitirlo o no, todos los días estás programando tu mente. Es solamente cuestión de si eliges una programación positiva o una negativa. La programación positiva mejora tu actitud y te anima a tomar acciones constructivas. Los aportes negativos debilitan tu actitud y te desaniman a avanzar. Para mejorar la calidad de tu burbuja, asegúrate de recibir en tu mente mensajes positivos todos los días. Cada mañana invierte de 15 a 30 minutos leyendo algo positivo, así sea de un libro, una revista o artículos en internet. Dedica de 15 a 30 minutos para escuchar programas de audio positivos cada día. Durante la primera semana, verás resultados en tu manera de pensar y actuar. Tu burbuja será mucho más positiva y de apoyo que antes.

Marca el estado de ánimo con música. ¿Cuál es tu canción preferida?

Probablemente tienes algunas canciones que te traen recuerdos positivos, te hacen sonreír o te dan un golpe de energía.

Si ahora mismo hicieras sonar tu canción favorita, de inmediato te sentirías mejor. En mi opinión, la gente no usa la música con la suficiente frecuencia para crear un estado de ánimo positivo. Así estés en tu auto, en casa, o mientras hacer ejercicio, escucha música que te ayude a crear el estado de ánimo que deseas. Si quieres energía, pon música que te vigorice, (el tema de la película "Rocky" puede ser un ejemplo). Si quieres relajarte después de un día estresante, pon música que te calme o te ayude a pensar en experiencias pacíficas y serenas. Asegúrate que tu burbuja se llene de música que funciona para ti.

Así como el adolescente "en la burbuja" se ocupó de su entorno, tú también tienes esta libertad. Comprométete a examinar cada influencia que invitas a tu entorno. Tu éxito y felicidad dependen de las elecciones que hagas.

27

¡El éxito es un juego de niños!

"Nunca eres demasiado viejo para rejuvenecer".

Mae West

Con sólo observar a los niños aprendemos mucho acerca de las cualidades y comportamientos que llevan al éxito y la plenitud de la vida. Un día tuve un mini seminario de éxito en una tienda de emparedados.

Estaba comiéndome mi emparedado de pavo cuando una madre entró con sus dos pequeños hijos, un niño y una niña que parecían tener entre cuatro y cinco años de edad. La madre tenía sus manos llenas de ropa que acababa de recoger en la lavandería. El ceño fruncido y la cara de afán que tenía daban a entender que ella quería salir de ahí lo más rápido posible e ir a casa.

Mientras la madre esperaba en la fila para que le tomaran su orden, los dos niños corrieron a la máquina de autoservicio de sodas y al dispensador de hielo para mirar todos los aparatos. Era el artefacto típico de aquellos en los que sólo tocas el botón y cae una avalancha de hielo dentro de tu vaso (¡y probablemente al piso!)

El niño estaba metiendo sus manos dentro de la rejilla a donde cae el exceso de soda y hielo. Estaba tratando de sentir y llenarse la mano de cualquier cosa pegajosa que hubiera ahí. Su madre lo alcanzó a ver y le gritó para que sacara las manos de la máquina. Ajeno a su orden, el niño siguió poniendo sus manos entre la rejilla, investigando en el desorden.

Luego la niña comenzó a señalar cada artículo de la máquina y le gritaba a su madre: "¿Qué es eso?", ansiosa por escuchar la explicación que su madre le diera de cada sabor. Pero la madre no estaba interesada en jugar a la maestra. Pagó la bebida, recibió un vaso vacío e intentó llenarlo ella misma. Desde luego que sus hijos tenían otras ideas.

Los dos querían operar la máquina. Le rogaron a su madre para que les permitiera hacerlo rehusándose a aceptar un NO por respuesta y créeme, la madre dijo NO muchas veces antes de ceder. Los dos niños tomaron emocionados el vaso y lo presionaron contra las palancas de hielo y soda. El vaso se tambaleaba y no estaba bien centrado pero a ellos no les importó. Sólo querían participar y divertirse.

Esto es lo que aprendí de aquellos niños:

1. **Los niños estaban completamente involucrados en el momento presente.** Cuán difícil es para nosotros como adultos concentrarnos en el AHORA y bloquear todos los otros pensamientos. Así estemos pensando con nostalgia en el pasado o preocupándonos por el futuro, rara vez nos tomamos el tiempo para experimentar y disfrutar la plenitud del presente. Así no era para aquellos niños. Nada en el mundo importaba más que ese dispensador de sodas. No estaban pensando en lo que salió mal ayer y definitivamente, no les preocupaba su educación universitaria ni incluso qué iban a cenar esa noche. Estaban completamente absortos en lo que estaban haciendo en ese momento.

2. **Los niños tenían una meta que los emocionaba.** Sabían lo que querían, que era operar la máquina y tomarse una soda. Todas sus energías estaban dirigidas hacia el logro de esa meta. ¿Cuántos adultos tienen metas claramente definidas que los emocionan? Tristemente, la "meta" para muchos es sólo pasar el día. Pero no debe ser así.

No necesitas caer en una rutina y poner tu vida en "piloto automático". En lugar de eso tienes la habilidad de elegir una meta retadora y emocionante por la cual luchar.

3. **Los niños fueron increíblemente persistentes.** ¡Iban a operar la máquina sin importar lo que mamá dijera! Cada vez que escucharon "NO" siguieron insistiendo hasta que su madre finalmente cedió. Tenían sus ojos en la meta y ningún obstáculo se interpondría en su camino.

La determinación de estos niños me recordó las estadísticas generadas acerca de algunos estudios del personal de ventas. Muchos cierres de ventas ocurren después que el cliente potencial ha dicho "NO" cinco o seis veces, pero pocos vendedores están dispuestos a persistir y proponer la venta después de dos "NO". Ahora, no sugiero que debes seguir rogando y rehusándote a salir de la oficina de tu potencial cliente hasta que él o ella hagan una orden. Pero deberíamos aprender a ser persistentes y buscar nuevas formas creativas de convertir un "NO" en "SÍ", así sea con una llamada de ventas, negociando con nuestro jefe o lanzando un nuevo proyecto en nuestra comunidad.

4. **Los niños estaban llenos de asombro y entusiasmo.** Tan pronto vieron la máquina querían saberlo todo acerca de la misma. Estaban emocionados y burbujeantes de entusiasmo al pensar en elegir un sabor y llenar el vaso.

Compara este método con la forma como los adultos tendemos a ver las cosas nuevas. La mayoría de nosotros rara vez nos entusiasmamos ante lo desconocido. De hecho, generalmente mantenemos la distancia y no nos interesamos en explorar nada que no sea familiar. Es más, como nos resignamos a permanecer totalmente en nuestra "zona de comodidad" comenzamos a cerrar la mente, no sólo a nuevas ideas que puedan cruzarse por nuestro camino, sino también a los milagros y maravillas que siempre nos rodean. Por ejemplo, muchos de nosotros damos por hecho la rotación de los planetas, el movimiento del océano o la extraordinaria transformación de una oruga en una mariposa. ¡Despertemos!

5. **A los niños no les importó lo que los demás pensaran de ellos.** Aunque yo estaba muy cerca y mirándolos directamente, estos

niños no me prestaron atención. No les preocupaba lo bien que estuvieran "desempeñándose". De hecho, en sus mentes no estaba el fracaso. El vaso estaba tambaleándose y por todas partes caía hielo y soda ¡pero no podía importarles menos! Ellos sólo querían aprender, participar y disfrutar por sí mismos.

A medida que crecemos, comenzamos a concentrarnos no tanto en hacer una tarea, sino en la posibilidad de que los otros se burlen o juzguen severamente nuestro desempeño. Como consecuencia, a menudo decidimos que es mejor no intentarlo para nada. Si esto te ha pasado, es hora de volver al juego. Da lo mejor de ti y participa. (Mira, la verdad es que de todas formas nadie se interesa por ti; ¡la mayoría de personas están muy ocupadas preocupándose por sus propios problemas!).

Así que concentrémonos en recapturar algo de nuestro "juego de niños" de los años pasados. Piensa en las maneras de aplicar estas ideas a tu vida. Por ejemplo, ¿tienes una meta que te emociona? Si no es así, probablemente es hora de trazar una que reavive tu entusiasmo. O ¿te estás refrenando para perseguir algo porque te preocupa cómo te juzguen los demás? Esta es tu oportunidad para participar y dejar de mirar sobre tu hombro. Por lo menos concéntrate en comenzar a observar y *aprender* de los niños.

No estoy sugiriendo que deseches las valiosas características que has desarrollado como adulto y que retrocedas a tener únicamente comportamientos "infantiles". La clave es integrar ambos métodos. Cuando combinamos la madurez y la disciplina del adulto con la alegría, curiosidad y creatividad del niño que hay en nuestro interior, podemos lograr grandes cosas, y tener completa diversión y gozo a lo largo del camino.

28

Es más que la opinión de una sola persona

"Los hechos no dejan de existir
sólo porque los ignoremos".
Aldous Huxley

U n compañero de trabajo se te acerca y dice que te ves un poco cansado. Te sorprende un poco el comentario y comienzas a pensar que "es cierto que no he dormido mucho últimamente pero no creí que se notara. Ah, bueno, es sólo la opinión de una persona".

Piénsalo de nuevo. La realidad es que probablemente muchos más en tu oficina hayan notado lo mismo. Simplemente no te han dicho nada. Lo mismo sucede para otros aspectos de tu apariencia, sea tu cabello o la ropa que vistes. Cuando alguien expresa una opinión, lo más seguro es que otros piensen igual. Con frecuencia los comentarios son lisonjeros como "ese es un traje muy atractivo" o "el color de tu camisa complementa tu contextura". Aquí de nuevo, si las observaciones vienen de una sola persona, los demás estarán pensando similar.

Este principio también se aplica a tus tratos de negocios. Cuando un cliente presenta un problema con algunos aspectos de tu producto o servicio, por ejemplo, que la recepcionista o el dependiente fue descortés, es muy probable que otros clientes tengan la misma opinión. Y cuando escuchas la misma queja o cumplido de cuatro o cinco personas, puedes estar seguro que un múltiplo de ese número concuerda con esa apreciación.

Finalmente, consideremos cómo se aplica este concepto a tus habilidades para relacionarte con otras personas. Si alguien te dice que constantemente estás interrumpiendo, quizá sea hora de mirar con qué frecuencia interrumpes a los demás antes que hayan terminado lo que quieren decir. Y ¿qué de tu actitud? ¿Alguien te ha elogiado por tu perspectiva optimista o has escuchado una o dos veces que te quejas muy seguido, o que rara vez sonríes?

Todo se reduce a esto: frecuentemente nos acomodamos a nuestros patrones establecidos y no vemos ciertos hábitos personales o laborales que tenemos. Sencillamente no vemos lo que es obvio para los demás.

No estoy tratando de hacer que tengas una consciencia propia exagerada, ni que seas conformista o que cambies sólo para complacer a los demás. Pero enfrentémoslo. La gran mayoría de la vida tiene lugar cuando nos estamos relacionando con otras personas, así sea cara a cara, por teléfono, en una carta o por internet. Casi todo de lo que deseamos lograr, desde ser promovidos hasta cortarnos el cabello, involucra la interacción con quienes nos rodean. Así que es vital ser consciente de cómo nos perciben los demás, (y hacer cambios cuando sea adecuado) si esperamos avanzar en dirección a nuestras metas.

A continuación hay unas directrices para ayudarte a hacer una "verificación de realidad" de vez en cuando para que seas más efectivo en tus negocios y asuntos personales:

1. **Mantén tu antena activada.** Presta atención cuando alguien te hace un comentario, así sea en forma de chiste, (recuerda: la gente por lo general oculta las críticas con humor). *Pregúntate*: ¿He escuchado una observación similar en el pasado? Deja que los comentarios calen.

2. **Pide opiniones.** Esto no es fácil para la mayoría de la gente porque tendemos a evitar vernos tan de cerca a nosotros mismos.

No importa, hazlo. Ten presente no pedir únicamente opiniones *negativas*. Reforzar tus características positivas es igual de importante.

¿Quién ha de darte la opinión que necesitas? Bueno, si trabajas para una organización, tus jefes, compañeros de trabajo y clientes seguramente tienen una o dos cosas que aportarte. Y si eres un empresario es vital mantener líneas abiertas de comunicación con tus empleados y clientes. En asuntos como apariencia o rasgos personales, pídele su opinión a tu cónyuge, a un amigo o compañero de trabajo.

3. **No te defiendas.** No tiene sentido pedir una opinión si vas a justificar tu comportamiento actual. No estás tratando de ganar una discusión, ni cambiar la opinión de la otra persona. Sencillamente escucha lo que te están diciendo.

Al leer este artículo, apuesto que algunos temas ya se te han pasado por la mente, preguntas que tienes acerca de tu empresa, tu apariencia, tus rasgos de personalidad o habilidades interpersonales. Escribe una lista de esos puntos ahora mismo y comienza a propiciar comentarios de otras personas.

Vale la pena repetir: no hagas cambios sólo por complacer a los demás. Conserva tu singularidad y si estás feliz con un comportamiento en particular que no está lastimando a nadie más, consérvalo. Sin embargo, eso no quiere decir que debes poner tu cabeza entre la arena e ignorar el efecto de tu conducta actual.

Se requiere valor mirar en tu interior y pedirles a otros que te den su opinión. Pero, no crecerás ni mejorarás a menos que continuamente te examines a ti mismo, así como a tu empresa o profesión. Los ajustes que hagas tendrán un impacto profundo en tu felicidad definitiva y en el éxito que alcances.

29

El negativismo nunca ayuda

*"Ninguna ley te hará capaz mientras
pienses que no puedes".*
Orison Swett Marden

Nadie jamás se ha acercado a decirme algo como esto: "Siempre soy negativo y me está funcionando muy bien. ¡No puedo esperar a levantarme en la mañana!" Y aún así, el positivismo tiene sus escépticos. Algunos me dicen que el positivismo no funciona, que es "irrealista", especialmente en el turbulento mundo de hoy.

"Mira alrededor tuyo", dicen. "¿Cómo puedes ser tan positivo?" Bueno, déjame hacerte esta pregunta: ¿Puede el mundo recuperarse del negativismo añadiéndole MÁS negativismo?

La verdad es que hay ciertas cosas que el negativismo hará por ti. Te enfermará. Hará que no sea agradable estar contigo. Y limitará significativamente lo que puedes lograr.

Miremos más de cerca por qué el negativismo no nos sirve. Para comenzar, todos funcionamos según la Ley del Pensamiento Dominante. Dicho de forma más sencilla, siempre nos movemos en dirección de nuestros pensamientos dominantes. Sabemos acerca de la "profecía autocumplida", la cual consiste en que en la vida obtenemos lo que esperamos. Espera resultados negativos y, desde luego, generarás resultados negativos.

Como seguramente has visto, el negativismo también te hace tener más estrés y menos energía. ¿Cuántas veces te has enfermado en medio de un tiempo de estrés en tu vida?

Si todavía no crees en los efectos de ser negativo, toma una hoja de papel y haz tu lista de todos los beneficios que te representa el negativismo. Creo que tu lista va a ser muy corta, si es que se te ocurre algo.

Déjame hacer una aclaración importante aquí. Es natural que una persona se sienta triste ante una tragedia como el fallecimiento de un ser querido. Hay un periodo de pérdida y pena que difiere de persona a persona y no esperamos que alguien afectado por el dolor sea positivo a corto plazo. Pero incluso nadie que se encuentre en esa situación se verá beneficiado al aferrarse indefinidamente a sus pensamientos negativos. (A propósito, si has sufrido algún trauma, o se te ha dificultado dejar el negativismo, busca ayuda por cualquier medio. Esa no es una muestra de debilidad. Es un paso constructivo que te ayuda a avanzar en la vida).

HACER LO QUE ES NATURAL

Según todo lo que he observado, los bebés por naturaleza son positivos. Usualmente están sonriendo y parece que disfrutan la vida. No he conocido a ningún bebé negativo ni ceñudo. Es por eso que no acepto el argumento de que el negativismo es natural. Quienes piensan negativamente, lo hacen por hábito. Se han condicionado a pensar de esa manera.

En las sociedades occidentales en especial hemos desarrollado la tendencia a concentrarnos en pequeñas irritaciones, aunque esas molestias sean sólo una pequeña parte de nuestra vida en general. Tendemos a concentrarnos en el 5% de circunstancias en nuestra vida que van "mal", en lugar de en el 95% de las que van bien. Suspiramos y hablamos con todos acerca del embotellamiento del tráfico o del pinchazo cuando íbamos hacia el trabajo. Pero nunca hablamos del milagro de nuestra existencia, ni de los billones de células que hay en nuestro cuerpo que de alguna manera permiten que el cerebro funcione, ni de cómo el corazón bombea sangre o de cómo ven nuestros ojos. No apreciamos el hecho de tener suficiente alimento o que tenemos un techo sobre nuestras cabezas, mientras que hay millones de seres que no tienen esos mismos regalos.

No es causa de asombro que tantas personas piensen negativamente. Los periódicos están llenos de noticas negativas. Las noticias de radio y televisión hacen hincapié en tragedias y crímenes. ¿Con qué frecuencia lees o sabes de personas que ayuden a otros o que hagan algo positivo? Casi nunca. Si no haces nada para contrarrestar ese bombardeo de negativismo, vas a terminar pensando negativamente.

Pero tú puedes asumir el control de esta situación en cualquier momento. Puedes dejar de ver y escuchar las noticias negativas y más bien leer algo positivo. Puedes limitar tu contacto con personas negativas y asegurarte de que tu vida esté llena de aportes positivos. Si hicieras eso, tu inclinación "natural" cambiaría y comenzarías a pensar positivamente.

RÁPIDOS EJERCICIOS MENTALES

Te demostraré que tienes mucho más control sobre tus pensamientos del que crees. Haz la prueba con este experimento. Ahora mismo, piensa en tu película favorita. Incluso trae a tu mente tu escena favorita de alguna película. Ahora pensemos en tu comida favorita. ¿Cuál es? ¿Una ensalada fresca, una carne jugosa, salmón a la parrilla? Sea lo que sea, piensa en eso. Ahora que se te ha hecho agua la boca, avancemos. Piensa en estar afuera en medio de una tormenta de nieve, con dos pies de nieve sobre el suelo. ¿Puedes ver la nieve y sentir el frío en los dedos de los pies?

En cada caso pudiste controlar lo que estabas pensando. Pudiste cambiar tu pensamiento en un instante.

Se ha dicho que el positivismo es dañino porque las personas optimistas ignoran cosas que pueden salir mal, son fácilmente burladas y con frecuencia se aprovechan de ellas. En otras palabras, si esperas que el sol brille todo el tiempo, sencillamente eres ingenuo y seguramente vas a ser decepcionado. Pero el pensamiento positivo no significa ignorar la realidad o negarse a considerar los obstáculos que pueden surgir. Por el contrario, la persona positiva espera un resultado positivo pero se alista para los obstáculos que han de surgir.

Por ejemplo, si una persona positiva planea una boda al aire libre, no hará uso del poder del pensamiento positivo para asegurarse de que no llueva ese día. A diferencia de eso, una persona positiva se prepara con planes de contingencia, concentrándose en las cosas que puede controlar directamente, como tener una carpa disponible en caso de que sí llueva.

En este punto espero que seas receptivo a la idea de que el negativismo no nos ayuda. Así que la pregunta es, ¿cómo podemos cambiar nuestro pensamiento para ser más positivos? La respuesta, dicho en términos sencillos, es que debes cambiar lo que entra a tu mente todos los días. Comienza eliminando la mayor cantidad de aportes negativos posible. Aunque escuchas las noticias por unos minutos para enterarte de los avances importantes, no es necesario escuchar informes de los mismos asesinatos y bombardeos una y otra vez todos los días. Al mismo tiempo, reemplaza los aportes negativos con estímulos positivos. Lee contenidos positivos a diario. Escucha programas positivos o música que te inspire y relaje.

Ésta es otra técnica: vigila tu lenguaje cotidiano. Cuando te veas comenzando a quejarte o a hablar negativamente, cambia de inmediato a algo positivo. Di algo como "tengo mucho de qué estar agradecido" y comienza a enumerarlo. Condiciónate a concentrarte en soluciones constructivas para los retos, en lugar de insistir en los problemas o molestarte por las cosas que no puedes controlar.

Para los próximos 30 días haz un compromiso: piensa en lo que deseas en lugar de lo que no deseas. Piensa en aquello por lo que estás agradecido en lugar de lo que crees que hace falta en tu vida. Satura tu mente con lo positivo. Después de 30 días podrás decidir si sigues concentrándote en lo positivo o prefieres volver a tu patrón negativo. ¡Creo que sé qué vas a elegir!

30

Vive en el pasado... y se convertirá en tu futuro

"Nunca permitas que el ayer consuma el hoy".
Richard H. Nelson

Disfruto hablar con personas que se me acercan después de mis presentaciones para contarme un poco de su trasfondo y experiencias. Pero a veces esas personas se presentan, y en menos de un minuto, me están hablando de alguna experiencia negativa que los ha mantenido retenidos. Es algo parecido a esto: "Me llamo John y mi padre fue un alcohólico", "Mi nombre es Marilyn y crecí en una familia disfuncional". Antes de enviarme una carta pidiéndome que sea más sensible con personas que han tenido heridas en el pasado, por favor escúchame. No estoy diciendo que quienes tienen traumas del pasado o sentimientos negativos deban negar que esas cosas hayan sucedido, ni que deban rehusarse a reconocer sus sentimientos. De hecho, animaría a esas personas a buscar consejería de profesionales de la salud mental o visitar a un médico si tienen afecciones físicas. Todos caemos en la trampa de hablar de circunstancias poco placenteras y yo no soy la excepción. Pero creo que en estos aspectos es más importante preguntarnos: *"¿Por cuánto tiempo voy a quedarme con esta experiencia negativa? ¿Por qué meto este tema en todas mis conversaciones? ¿Esto está ayudando a generar mejores resultados en mi vida?".*

Creo que todos estaríamos de acuerdo con que Oprah Winfrey es un modelo positivo a seguir que ha logrado cosas extraordinarias en su vida. Probablemente sepas que en su niñez, Oprah fue sexualmente abusada y acosada. Ella nunca niega ese aspecto de su pasado y fácilmente admite que eso todavía la afecta. Pero no comienza cada uno de sus programas diciendo "Hola, les habla Oprah Winfrey y fui una niña abusada". Si hiciera eso nunca habría llegado a donde está ahora. Apostaría que la mayoría de su atención está en las cosas que hace hoy y lo que hará en el futuro para marcar una diferencia positiva en el mundo. Dicho en términos sencillos, ella no se queda en el abuso que sufrió hace años atrás. Esa es una elección que ha hecho y todos podemos aprender de ella.

El autor y orador Eckar Tolle habla de la forma como vivimos en el pasado y constantemente le contamos nuestra "historia" a los demás. Se la contamos a cada persona con quien nos encontramos. Y generalmente la historia se concentra principalmente en los eventos negativos en lugar de los positivos. Tendemos a arrastrar nuestra historia por todas partes como a una bola con una cadena atada a nuestros tobillos, señalándola y ansiosos de dar todos los sangrientos detalles.

¿A dónde nos conduce eso? Bueno, genera algo de simpatía. También nos lleva a interminables conversaciones negativas con otros "contadores de historias" que están completamente ansiosos por "superar" nuestra aventura de dolor con su propio relato ("Tú crees que eso es malo, pero déjame contarte de..."). Y probablemente nuestra historia sea algo que usamos como excusa para no estar viviendo a nuestro pleno potencial. Mira, si tenemos esta terrible discapacidad no tiene sentido intentar lograr algo grande. Podemos seguir en nuestra zona de comodidad y de limitación.

A propósito, esto no sólo se limita a historias muy traumáticas. Por ejemplo, algunas personas te cuentan cómo las despidieron injustamente hace seis meses o cómo están sus alergias. Pueden decirte que no las aprecian en su trabajo.

Así estés pensando y hablando de un evento trágico o incluso de una molestia, estás actuando en tu contra y sólo perpetúas las condiciones negativas. Hay una Ley de Pensamiento Dominante, la cual dice que siempre nos movemos en dirección de nuestros pensamientos dominantes actuales. Por tal motivo es tan importante mantener tu concentración en lo que deseas en lugar de lo que no quieres. Dicho de otra forma, *aquello en lo que te concentras, se expande.*

Si nos quedamos contemplando o hablando de lo opuesto a lo que queremos lograr, no alcanzaremos nuestros objetivos. No atraemos fortuna cuando contemplamos la quiebra. No estaremos saludables mientras observamos lo enfermos que estamos y lo mal que nos sentimos.

Sigues reforzando el evento negativo, aún si al hablar del mismo mencionas tu deseo de cambiarlo. Por ejemplo, puedes estar diciéndote a ti mismo y a los demás: "Sigo comiendo helado a diario y tengo que dejar de hacerlo". ¡Tu mente escucha "helado" y querrá más helado! Es mucho mejor pensar en tener un cuerpo saludable y comenzar a comer más frutas y verduras.

Esta es una valoración importante: verás que cuando tienes una experiencia dolorosa, ya sea una enfermedad, la muerte de un ser querido o incluso la pérdida de tu empleo, la herida es cruda y te verás hablando con frecuencia acerca del incidente. De hecho, muchos te preguntarán al respecto. Así que es normal hablar del tema. Tu misión es dejar atrás el hecho lo más rápido posible. En otras palabras, deja de pensar y hablar del suceso pasado lo más pronto que puedas. Nadie te puede decir cuánto tiempo es apropiado. Depende de tu situación específica. Recuerda, no se trata de negación, se trata de mover tu vida en una dirección positiva.

Hoy, y en el futuro, observa cuando te veas pensando y hablando de condiciones o experiencias negativas en tu pasado, a menos, desde luego, que quieras reforzar tu dolor y sufrir y crear más de lo mismo en los días por venir. Ahora es el momento de dejar ir el pasado para que en el futuro tengas cómo contar una historia nueva y más feliz.

31

¡Todos los días son de acción de gracias!

"La gratitud te ayuda a crecer y extenderte;
la gratitud trae gozo y risas a tu vida
y a la de quienes te rodean".

Eileen Caddy

¿**E**n las últimas 24 horas te sucedió algo grandioso? Me refiero a algo monumental, ¿algo por lo que estás tan agradecido que sentiste que querías cantar? Adelante, piensa en tu día.

Probablemente estás pensando si recibiste algún cheque por correo; o ¡seguramente sólo te alegra que en el correo de hoy no hayan llegado facturas! Al considerar esta pregunta, puedes llegar a la conclusión de que en realidad no ha sucedido nada espectacular.

Pero espera un momento.

¿Anoche tuviste dónde dormir protegido del frío o de la lluvia? Imagina cómo sería que tú y tu familia no tuvieran un techo sobre sus cabezas.

¿Donde vives tienes un baño, acueducto o agua caliente? ¿Eso hace que tu vida sea un poco más cómoda?

¿Has podido usar tus ojos para ver el sol y el hermoso cielo azul desde que te despertaste? ¿Pudiste levantarte de la cama, caminar y salir? Algunas personas no tienen esos lujos hoy.

¿Qué tal tu oído? ¿Escuchas el trinar de las aves o el susurrar del viento entre los árboles? Al desayunar, ¿tomaste el olor del café recién hecho o de la tostada después de salir de la tostadora? ¿Cómo sería un día si no pudieras escuchar u oler, o si no pudieras sentir el sabor de la comida? Sí, HAY personas que no tienen uso pleno de estos sentidos.

Y ¿qué de aquellas cosas que no son necesarias para sobrevivir, pero que mejoran tu vida diaria, cosas como un auto, un radio, la televisión o un computador? ¿De verdad estás agradecido por estos y otros presentes que usas con frecuencia?

Celebra cada regalo precioso

Estoy seguro que me estás entendiendo. Todos los días tenemos docenas de razones para estar agradecidos. Pero por lo general nos acostumbramos a esas cosas y no las vemos como artículos valiosos que debemos apreciar. Claro está que lo notamos cuando no tenemos disponible cualquiera de esos elementos, así sea temporalmente. Pero casi nunca apreciamos nuestras bendiciones.

¿Por qué estoy haciendo tanto énfasis en esto? Es sencillo. Te sientes mejor, más relajado, creativo y más productivo cuando te concentras en la gratitud y otras emociones positivas. Igualmente ejerces una influencia positiva sobre quienes te rodean en el trabajo y en casa.

Así que a continuación hay algunas cosas que puedes hacer para cultivar una "actitud de gratitud" en tu vida:

1. **A diario piensa en tus bendiciones.** La clave es desarrollar el hábito de concentrarte en cosas por las cuales estás agradecido. Pon una nota en el espejo de tu baño o lleva una tarjeta en tu cartera con el mensaje "Cuenta tus bendiciones". Separa a diario un momento para reflexionar en cuán afortunado eres. No es una actividad que consuma tiempo, ¡y los resultados te asombrarán!

2. **Expresa tu gratitud con palabras.** En tus conversaciones en el trabajo y en casa manifiesta tu aprecio por todas las cosas y personas maravillosas que hay en tu vida. Si vives en un país que te permite libertad de expresión y donde tienes el derecho a perseguir tus sueños, diles a los demás cuánto aprecias eso. Manifiesta tu gratitud para con tus compañeros de trabajo y familiares que son de apoyo. Llama a tus padres y hazles saber cuánto valoras los sacrificios que ellos hicieron por ti en tu niñez.

3. **Deja de mirar las dificultades.** Cuando surgen los problemas y has hecho todo lo que puedes para solucionarlos, entrena tu mente para que vuelva tu atención a tus bendiciones. Esto te ayuda a mantenerte en perspectiva, por ejemplo, reconociendo que tu salud y necesidades básicas para vivir son más importantes que el hecho de que la fotocopiadora de la oficina deje de funcionar por unas horas. Además, cuando estás relajado y tienes emociones positivas, existe una mejor oportunidad de encontrar soluciones a tus dificultades.

4. **Anima a otros que tienen necesidades.** Una de las mejores maneras de usar tus dones (salud, energía, actitud, etc.) es compartiéndolos con quienes están pasando por momentos difíciles. ¿Puedes prestarle ayuda a un compañero de trabajo, un amigo, un familiar o a otra persona de tu comunidad? Con sólo pasar tiempo con alguien que lo necesita o con dar unas palabras de ánimo, puedes hacer una gran diferencia para esa persona y al mismo tiempo te ayudas a desarrollar un sentido más profundo de gratitud respecto a lo bien que estás.

Ser agradecido y apreciar no te cuesta nada, pero sí tiene un impacto importante en tu calidad de vida. Así que no desperdicies un minuto más. Piensa todos los días en los dones invaluables que has estado disfrutando. Comparte abiertamente tu gratitud con otros.

Y la próxima vez que alguien te pregunte si hoy te ha sucedido algo emocionante, ¡vas a tener mucho que decir!

32

¿Qué significa el éxito para ti?

"El éxito que se basa en cualquier cosa menos en la plenitud personal, está destinado a ser vacío".
Dra. Martha Friedman

Una universidad en tu área te ha invitado a dar un discurso de graduación en su ceremonia de grado. Para ser más exactos, el presidente de la universidad quiere que les hables a los graduandos acerca de tu definición de "éxito" y en lo que consiste una "vida exitosa". No es una tarea fácil ¿cierto?

Seguro, muchos hablan de éxito. Es una palabra que usamos todo el tiempo. Y de hecho, si preguntaras cuál es la definición de éxito, probablemente escucharías las siguientes respuestas:

- Tener éxito es ganar dinero.
- Tener éxito es tener posesiones materiales
- Tener éxito es tener logros profesionales.
- Tener éxito es tener relaciones familiares amorosas.
- Tener éxito es criar hijos bien adaptados.
- Tener éxito es tener crecimiento espiritual.
- Tener éxito es hacer una diferencia en el mundo.

Desde luego, muchos dirían que el éxito es una combinación de estos puntos. ¿Y tú qué opinas? ¿Estás listo para dar el discurso de graduación ahora mismo? ¿Crees que necesitas algo de tiempo para pensar en tu definición personal de "éxito" y "vida exitosa"?

Mientras consideras tu propia definición de éxito, las siguientes son unas preguntas para tener en cuenta:

1. **¿Es realmente MI definición, o es la de otra persona?** Constantemente estamos siendo programados sobre lo que debería significar "éxito" para nosotros. Si ves televisión, observas cómo son exaltadas las celebridades. Cada movimiento que hacen es reportado. Si acabaras de llegar a la Tierra proveniente de otro planeta y encendieras la televisión pensarías que el éxito se mide según la notoriedad, la fama y la fortuna. Ves comerciales que muestran cómo deberías querer verte. ¿Quién fue el de la idea de crear un músculo abdominal bien marcado? Y lo peor es no tener una cabeza llena de cabello. No puedes tener poco cabello y ser exitoso, ¿cierto? Y claro, el auto que conduces también habla mucho de ti. El mensaje subliminal es que eres exitoso si te ves de cierta manera y tienes ciertas posesiones. Tus padres y familiares te pueden haber influenciado durante la niñez a fin de encaminarte en la dirección que ellos pensaban que te llevaría al "éxito". Profundiza para entender cuál es tu verdadero concepto de lo que constituye una vida exitosa. Los graduandos no necesitan escuchar lo que los demás piensan acerca del éxito, ¡lo que necesitan saber es lo que TÚ piensas!

2. **¿Mi definición de éxito ha cambiando con el paso del tiempo?** Si como persona estás aprendiendo y creciendo, tu concepto personal del significado de éxito cambiará y evolucionará constantemente. Primero puedes pensar que el éxito básicamente se trata de obtener un buen empleo o un buen nivel de vida. Con el paso de los años, tu concentración puede cambiar al significado de tu trabajo o relaciones familiares. A medida que transcurre el tiempo es muy probable que llegues a hacer más énfasis en tu crecimiento espiritual. Creo que nunca llegamos al punto en el que nuestra definición de éxito queda "escrita en piedra". Esa

definición cambia constantemente a medida que maduramos. Probablemente prefieras compartir con los graduandos la evolución de tus conceptos de éxito, así sabrán qué esperar.

3. **¿Mis actividades concuerdan con mi definición?** En mi experiencia, la gran mayoría de personas no vive de manera consistente con su definición de éxito. Puedes decir que éxito es tener una vida familiar gratificante. Pero, si trabajas todo el día y pasas poco tiempo con tu familia, entonces tu comportamiento revela cuál es tu "verdadera" prioridad. El reto es determinar tu "verdadera" definición de éxito, y luego comprometerte a actuar de acuerdo con esa definición. ¿Qué consejos útiles puedes darles a los graduandos en esta área?

Supongo que ya te están fluyendo las ideas. Probablemente pensaste en muchos otros puntos que no he mencionado respecto al tema del éxito. Ahora toma algo de tiempo para escribir unas notas sobre lo que vas a decir en tu discurso de graduación. ¿Quién sabe? Probablemente algún día te pidan que des ese discurso. Y aún si no sucede, es un ejercicio que puede abrirte los ojos y cambiar tu vida.

33

Una lustrada de zapatos para recordar

"Cada adversidad trae consigo la semilla
para un beneficio igual o mayor".
Napoleon Hill

Me gusta verme como una persona emprendedora y muy disciplinada. Pero hay algo que no puedo obligarme a hacer. Parece simple, pero igual nunca lo haré. Verás: *odio lustrar mis zapatos.* Así que cuando quiero que mis zapatos estén brillantes, se los llevo a alguien para que lo haga. Es muy fácil si estoy en la ciudad de New York donde encuentras muchos sitios donde te lustran los zapatos por unos pocos dólares.

Pero cuando estoy en casa, en Long Island, es un poco más difícil. Esto es lo que he estado haciendo por años: conduzco hasta un centro comercial que se encuentra a 12 millas de mi casa y allá hay una tienda que tiene un puesto de lustrado de zapatos. Mientras estoy en esa tienda, hago algunas compras que necesito y mando lustrar los míos. Por lo general, llevo varios pares de zapatos al tiempo.

Bueno, en una ocasión estaba próximo a hacer un viaje por varios días y necesitaba lustrar unos zapatos. El puesto de lustrado de zapatos en esa tienda abre a las 10:30 a.m., así que llegué a las 10:40. Pero el puesto todavía estaba cerrado, entonces decidí ir comprando unos cinturones y una camisa en la misma tienda. A las 11:00 volví al puesto, pero seguía cerrado. Le pregunté a uno de los empleados de la tienda: "¿El puesto de lustrado de zapatos abre hoy?".

"Sí", respondió el empleado. "La persona que lustra los zapatos ya está acá, saldrá en un minuto para abrir el puesto". Esperé durante aproximadamente diez minutos, pero nadie apareció. Le pregunté a otro empleado y él me dijo que el puesto estaría abierto en un minuto. Esperé otros diez minutos y nadie se presentó. Fui hasta el mostrador y hablé con alguien que dijo ser el administrador de ese departamento. Le dije lo que había sucedido y que llevaba esperando 20 minutos a que abrieran el puesto.

Su respuesta fue: "La persona que lustra los zapatos no ha llegado. Lamento que otros le hayan dicho que ya estaba aquí". El administrador estaba muy ocupado y volvió a atender a otro cliente. Yo tenía "esa mirada", tú sabes, la clase de mirada que haces cuando sientes que te han tratado injustamente y que no se le da importancia a tus cosas.

De inmediato pensé: "He esperado durante 20 minutos y no voy a soportar esta clase de trato". "¿A quién le puedo informar esto?". Mi mente se estaba enfureciendo. *Voy a reportar mi queja con la tienda, luego haré un seguimiento con una carta, y si eso no funciona, ¡podría demandar ante la Corte Suprema!* Mi tensión arterial estaba elevándose y estaba muy concentrado en lo negativo. Luego, mis 20 años de entrenamiento leyendo y escuchando material motivacional me sacudieron.

De inmediato hice un pare y me calmé. ¿Realmente valía la pena arruinar mi día y pasar las siguientes 48 horas pensando en cómo manifestar mi insatisfacción por la forma como había sido tratado en un puesto de lustrado de zapatos? De ninguna manera. Después de todo, ¿qué era lo *mejor* que podía pasar? La tienda diría "lo siento" y probablemente me darían un bono de regalo por $10 dólares. ¿Valía la pena arruinar dos días de mi vida por eso? Así que volví a mis cabales y me fui en silencio, sin reportarle el incidente a nadie.

De regreso a casa, sencillamente lo dejé ir. Ya me estaba sintiendo mejor. Pero al tomar la salida de la avenida cerca de mi casa vino a mi mente un pensamiento: "Detente en la tienda de zapatos que está cerca de la salida". Es una tienda donde a veces compro mis zapatos. Luego la lógica se hizo cargo, "¿por qué razón he de ir a esa tienda justo ahora? ¿Cómo pueden ellos ayudarme con el lustrado de mis zapatos?" Pero como sólo tenía que desviarme unas cuadras, conduje hasta allá.

Al entrar vi a un vendedor que conocía y le dije que no había podido encontrar a alguien que lustrara un par de zapatos de cuero que había comprado en esa tienda. Le pregunté si tenía alguna sugerencia. Me dijo que justo en esa calle había una zapatería donde el propietario me podía ayudar. Así que fui hasta allá. La puerta de la tienda estaba cerrada y tenía un letrero que decía: "Vuelvo en cinco minutos". Otro obstáculo. ¿Qué debía hacer, irme o esperar? Me sentí muy tentado a irme, pero decidí quedarme.

El propietario volvió casi diez minutos después. Le dije que necesitaba lustrar unos zapatos de inmediato. Él me dijo que le dejara los zapatos y regresara en una hora. Todos van a estar lustrados. Una hora después volví y los zapatos no sólo estaban lustrados, ¡estaban brillantes! El precio por la lustrada era el mismo que estaba pagando en la tienda del centro comercial pero esta lustrada era como cinco veces mejor.

En conclusión: encontré un nuevo sitio donde lustrar mis zapatos, al mismo precio, con mucha mejor calidad y mucho más cerca de casa.

Este incidente con la lustrada de mis zapatos ilustra principios de motivación muy importantes:

Deja de inmediato la actitud de venganza. La venganza y las constantes quejas te hacen perder el tiempo y desgastan tu energía. Mientras piensas en los pasos que vas a seguir para reportar tu insatisfacción, para y tranquilízate. Reconoce que el precio que vas a pagar por presentar tu queja y considera si vale la pena dañar tu actitud por horas y sacrificar uno o dos días productivos. (Desde luego, hay ocasiones en las que es apropiado hacer un reclamo genuino y buscar alguna compensación. Pero en la mayoría de casos para nada vale la pena insistir en un asunto trivial solamente porque te sientes "agraviado").

Confía en tu intuición. Aquella voz en nuestra cabeza puede decirnos cosas muy extrañas. Pero he aprendido que entre más ilógica la idea, más atención le presto (obviamente, mientras la idea sea legal y moral). No tenía ninguna razón lógica para detenerme en esa tienda de zapatos de regreso a casa. Pero seguí ese "consejo", lo cual me llevó a descubrir la nueva zapatería. La vida tiene su manera de enviar mensajes y no siempre es de la manera como lo esperamos.

Persiste a pesar de los obstáculos. Siempre encontrarás tropiezos en el camino, así estés concentrándote en lo positivo y confiando en tus instintos. Ya había estado en el centro comercial, luego fui a la tienda de zapatos y luego a la zapatería. Mi última "prueba" fue encontrarla cerrada. En ese punto me vi tentado a irme y dije: "No estoy para esto". Pero persistí y esperé otros 10 minutos ¡y definitivamente valió la pena! Recuerda que cuando vas en la dirección correcta, enfrentarás decepciones y obstáculos. ¡No te rindas si quieres alcanzar las cosas buenas!

Toda adversidad tiene un lado positivo. Para cuando salí del centro comercial, todo lo que estaba pensando era en que había perdido mucho tiempo y todavía no tenía lustrados mis zapatos. Pero si me hubieras entrevistado dos horas después, te habría dicho que me alegraba que se hubiera presentado el incidente del centro comercial ya que eso me llevó a descubrir un sitio mucho mejor, más cerca de casa y con mucha mejor calidad. El haberme "quedado esperando" en el centro comercial terminó siendo una bendición. Pero nunca habría recibido esa bendición si no hubiera dejado de inmediato mis pensamientos negativos permitiendo que se presentara un resultado más positivo.

Las pequeñeces tienen grandes consecuencias. Los empleados y el administrador de la tienda no pensaron en que me habían dado información equivocada y que yo había esperado por 20 minutos frente al puesto de lustrado de zapatos. Para ellos era una pequeñez. *¡Falso!* Ahora que he encontrado un mejor sitio para lustrar mis zapatos, más cerca de casa (y al mismo precio), ya no tengo que volver a esa tienda para lustrar mis zapatos. Y eso también quiere decir que no compraré más cinturones, camisas y otros artículos allí. Perdieron una buena cantidad de ventas por no apreciar mi tiempo.

Obviamente, esto no se trata de mis zapatos, sino de tu vida. Estas lecciones se aplican diariamente a todos nosotros. Hoy o mañana puedes experimentar algo que involucre estos principios. Así que la próxima vez que una situación adversa te conduzca hacia un camino negativo, respira profundo, piensa en mis brillantes zapatos y abre tu mente al rayo de luz que está a la espera de ser descubierto.

34

Rinde tu ego

"Si estás muy envuelto en ti mismo,
estás mal vestido".

Kate Halverson

Escuchas a alguien presumir de sus logros y piensas: "Vaya, esa persona tiene un ego muy grande". Alguien en el trabajo no deja de discutir hasta que admitas que tiene la razón y que tú estás equivocado. En ambos casos, el comportamiento egocéntrico de esas personas te hace alejar y te sientes distante de ellas.

Cuando digo *ego*, no me estoy refiriendo a las clásicas definiciones psiquiátricas y psicológicas usadas por Freud. Sino que me refiero a los sentimientos de importancia propia, cuando, consciente o inconscientemente, intentamos establecer nuestra superioridad por encima de los demás.

El ego tiene un sentido de incompetencia y busca una fuente externa para llenar el vacío. Eckhart Tolle, en su excelente libro, *The Power of Now,* lo dice de esta manera: "Las muestras más comunes de ego tienen que ver con posesiones: el trabajo que haces, el estatus y reconocimiento social, el conocimiento y la educación, la apariencia física, y también las posiciones políticas, nacionalistas, raciales, religiosas u otras identificaciones colectivas. *Tú* no eres nada de eso".

Con esto él quiere decir que ninguna de estas cosas es tu identidad ni quien realmente eres. En lugar de eso, representan posesiones o etiquetas temporales que guardas.

¿Cómo puedes decir cuándo tu ego está influyendo e interfiriendo con tus relaciones y calidad de vida? Estas son unas señales clásicas.

Te preocupas por los títulos. El ego siempre se preocupa por tu lugar en la jerarquía. ¿Te interesa tu título en el trabajo y si puedes lograr que te promuevan a un cargo con un título aún más significativo? Muchos están dispuestos a renunciar a un aumento de salario u otros beneficios mientras que seguido de su nombre puedan tener un título más prestigioso. Cuando lo ves con claridad, los títulos no tienen significado y tienden a aumentar la división en cualquier organización. En este sentido, creo que podemos aprender mucho de los cuáqueros, quienes no hacen uso de títulos porque eso va en contra del principio de que todos somos iguales.

Constantemente te comparas con los demás. Tu ego te ve "compitiendo" con todos los demás del planeta. Piensas que de alguna manera te sentirás mejor si "anotas" más que otras personas en ciertas categorías. Quieres verte mejor que los demás y ser más inteligente. Comparas tus ingresos y posesiones materiales con los de tus vecinos y compañeros de trabajo. Este juego infructuoso nunca te traerá satisfacción, no importa cuánto acumules o cuán bien te veas.

Te sorprendes insistiendo en que tú tienes la razón y los demás están equivocados. ¡Estoy seguro que puedes identificarte con este punto! Estás discutiendo con tu esposa o un amigo y te mantienes firme en que tú tienes la razón y que la otra persona está equivocada. Si la persona no lo admite, sigues reuniendo evidencia para respaldar tu posición. Seguramente la otra persona rara vez admite estar "equivocada", sin importar cuán fuerte sea tu argumento. (De hecho, es muy probable que no haya un argumento verdadero o falso completamente claro por el cual optar).

Al final, la otra persona se resiente con tu obstinación e insistencia a estar en lo correcto. Así "hayas" ganado la discusión, has perdido. Esta estrategia destruye relaciones y el único beneficio que representa es que fortalece tu ego. No tienes que estar de acuerdo con la posición de la otra persona. Puedes aprender a sentar tu opinión sin declarar un ganador y un perdedor.

Frecuentemente juzgas o criticas a los demás. Soy el primero en admitir que dejar de juzgar o retener las críticas por lo general es todo un reto. Hemos sido entrenados para criticar y juzgar a otros. Pero *existen* las críticas constructivas, y deberíamos esforzarnos por ayudar a otros a mejorar. Sin embargo, con frecuencia criticamos o demostramos saber mucho o que somos superiores a los demás. Esa es crítica destructiva que fluye del ego. Pensamos que al menospreciar a otros podemos elevarnos a nosotros mismos. Puede que así se sienta, pero en realidad lo que hacemos es cubrir nuestra propia falta de autoestima.

Te fijas demasiado en tu apariencia personal. Es muy bueno el estar limpio y bien presentado. Pero no estoy hablando de eso. Me refiero a quienes se obsesionan con cada gramo de grasa corporal, así estén delgados. Éstas son las personas que quieren verse de 20 años para toda la vida y corren para hacerse cirugías estéticas y siguen las modas cosméticas. ¿Qué tiene de malo tener una o dos arrugas? Yo llegué a obsesionarme porque estaba perdiendo algo de cabello. Luego acepté el hecho de que eso no es la gran cosa sino una parte natural de la vida. Tu ego te dice que, a menos que te veas "joven", no te van a amar ni respetar. ¡Tonterías! Me retuerzo (ya estoy "juzgando") cuando veo las caras estiradas por medio de cirugía plástica de todas las celebridades y sus labios rellenos con inyecciones. Para nada me parece atractivo. ¿Y a ti? A propósito, creo que ejercitarse es muy bueno, levantar pesas y tonificar tus músculos, no para impresionar a los demás, sino porque eso te hace más saludable, mejora tu resistencia y te hace sentir mejor contigo mismo.

Prácticamente vives sólo en el pasado o en el futuro. El ego quiere que revivas el pasado (¡especialmente las cosas negativas!) y que te preocupes por el futuro. De esta manera te recriminas por las cosas que hiciste hace meses o años atrás, así ahora no haya nada que puedas hacer al respecto. O te preocupas por cómo saldrán las cosas en el futuro y cómo puedes protegerte.

Ahora que eres consciente de algunas de las señales que el ego está "revelando" en ti, ¿qué puedes hacer para acabar con parte del poder que ejerce sobre ti? Ya has dado el primer paso, el cual es tener consciencia. Con sólo poner al descubierto los trucos favoritos del ego (y revisar con frecuencia esa lista) comenzarás a reducir estas actividades y patrones de comportamiento destructivos. Cuando te veas comparándote con otros, te vas a decir: "Ya me estoy comparando..." y no te vas a comparar tanto en el futuro.

La otra forma de domar tu ego es viviendo en el presente lo que más puedas. El ego odia el presente porque es ahí donde pierdes tus sentimientos de separación y te sientes conectado con todo en el Universo. Por lo menos dedica entre 10 y 15 minutos todos los días para estar solo. Simplemente cierra los ojos y no pienses en nada más que en concentrarte en tu respiración. ¡Vas a ver que no es fácil! Tu mente está llena de parloteo y no va a querer calmarse. Sencillamente deja que los pensamientos se alejen y después de un minuto o dos, tendrás una sensación de paz.

Las artes marciales y disciplinas como el Yoga y el Tai chi también te entrenan para concentrarte en el presente. La inversión de tiempo y esfuerzo en cualquiera de estas disciplinas te dará muy buenos resultados.

Pero no creas que para someter tu ego debes "retirarte" del mundo y sentarte todo el día en posición de loto. Puedes seguir administrando una empresa o practicando deportes. La diferencia será que no vas a buscar ser superior ni menospreciar a otra persona. Sólo te vas a concentrar en desempeñarte al máximo sin preocuparte por lo que los demás estén haciendo.

En caso de que te estés preguntando, yo no estoy nada cerca de someter mi ego, pero tengo suficiente conocimiento para estar mucho más feliz y que las cosas no se me presenten como antes.

Es una paradoja, cuando rindes tu ego, no rindes nada valioso. Por el contrario, *ganas* gran libertad y mejoras todas las áreas de tu vida. Sabrás que tienes más paz mental. Además sentirás como si se te hubiera quitado de encima un gran peso (¡el peso del ego!). Los demás tendrán interacciones más positivas contigo, pensarás de forma más creativa y reaccionarás con mayor efectividad ante situaciones de presión.

¡Te alegrará haber hecho el esfuerzo de domar tu ego!

35

Todavía queda mucho en el tubo

*"Todo se puede lograr con un talento común y
persistencia extraordinaria".*

Sir Thomas Buxton

Al rasurarme cada mañana uso una crema que viene en tubo. Después de usarlo por varias semanas observé que empezaba a aplanarse. De inmediato pensé: "Ya no debe haber mucha crema aquí". Estaba por tirarlo a la cesta de basura cuando me di cuenta que podía usarlo para una o dos rasuradas más.

Para mi asombro, la crema de rasurar siguió saliendo día tras día. ¡Terminé utilizándolo para otras 19 rasuradas! Y pensar que casi lo tiro a la basura.

Seguramente has vivido lo mismo con un tubo de pasta dental o de champú. El tubo parece estar casi desocupado pero sigues doblándolo, apretándolo y logras usarlo por más días o incluso semanas después que supuestamente ya estaba desocupado.

Ésta es una lección para todos nosotros. Trabajamos por un objetivo y a veces obtenemos resultados frustrantes por mucho tiempo. Las cosas no salen como esperamos. Pensamos que no queda mucho en "nuestro tubo", y consideramos la posibilidad de renunciar, pero la realidad es que todavía nos queda mucho, si tan sólo seguimos avanzando y creyendo en nosotros mismos.

De hecho, a menudo nuestros avances se presentan cuando pensamos que ya no queda nada en el tubo. Mira, en la vida hay polaridad, y cuando enfrentas adversidades y decepciones, a menudo éstas se ven contrarrestadas por logros significativos. Pero la mayoría se dan por vencidos antes que se complete el ciclo.

Harriet Beecher Stowe formuló este principio de la siguiente manera: "No te rindas cuando estés en un momento difícil y todo esté en tu contra al punto que creas que no soportas un minuto más, porque justo ahí y en ese momento es cuando la marea va a cambiar".

Hace aproximadamente unos 10 años, Jack Canfield y Mark Victor Hansen comenzaron a presentar su libro ante varias editoriales. Las primeras 30 lo rechazaron. Ahí podrían haber tirado la toalla creyendo que el tubo estaba vacío. Luego vino el rechazo número 31 y también el número 32. ¿Estaba ya vacío el tubo? No para ellos. En el intento número 34 finalmente una editorial le dijo "Sí" a su libro. Se trataba de *Sopa de pollo para el alma*, ¡y dio lugar a una serie de libros que ahora han vendido más de 100 millones de copias!

A veces tenemos que luchar contra nuestras propias dudas respecto a si debemos seguir o no enfrentando las adversidades. Otras veces debemos ignorar lo que otros creen cuando nos dicen que ya no nos queda nada en el tubo y que debemos renunciar a nuestros sueños.

Mira el ejemplo de George Foreman, empresario, locutor y ex campeón de boxeo en la categoría peso pesado. Al aproximarse a sus cuarenta años, George decidió que volvería al boxeo y que nuevamente ganaría el campeonato de pesos pesados. La mayoría pensó que él ya no tenía nada en el tubo, mucho menos lo suficiente como para volver a ganar el campeonato a tan "avanzada" edad. Decían que era demasiado viejo, que estaba fuera de forma y que ya estaba "oxidado" después de haber permanecido alejado del boxeo por tanto tiempo. Pero George nunca le prestó atención a los pesimistas y el 5 de noviembre de 1994, a la edad de 45 años, George Foreman noqueó a Michael Moorer y recapturó el título de pesos pesados. Finalmente nada importó que otros hubieran dudado de George porque él nunca dudó de sí mismo. Él sabía que todavía tenía mucho en su tubo.

Algunos se están preguntando si alguna vez llega el momento de "reducir las pérdidas" y dejar de perseguir su sueño. Creo que la respuesta es "Sí", pero generalmente es cuando llegas a un punto en el que te hace falta entusiasmo para lograr esa meta, o si ves que ya no tienes la determinación para hacer lo que sea necesario para lograrla. Cuando no hay entusiasmo ni compromiso, ya no queda mucho en tu tubo.

Pero si todavía te emociona alcanzar una meta que parece estar fuera del alcance, es hora de reevaluar tu estrategia y ver si es necesario hacer algunos ajustes. Después de todo, no tiene sentido seguir dando pasos que han demostrado no ser efectivos.

Tan pronto creas que tienes una estrategia viable y que estás dispuesto a dedicar esfuerzo y energías para hacer lo que sea necesario para lograr tu meta, no te rindas. Es sólo cuestión de tiempo para que logres tu "segundo aire". Si has practicado deportes o te has ejercitado, seguramente has experimentado el "segundo aire". Te esfuerzas por un tiempo y crees que ya no vas a soportar más. Luego, de repente, sientes una nueva explosión de energía al tomar tu segundo aire. ¡Te ves reenergizado!

William James dijo: "La mayoría nunca corre lo suficiente con su primer aire como para darse cuenta que tienen un segundo aire". No dejes que eso te suceda. Qué vergüenza darse por vencido cuando todavía estás en capacidad de alcanzar tus sueños más anhelados.

Así que cuando pienses que el tubo está casi totalmente vacío, cobra valor y entiende que ese no es momento para renunciar. El éxito puede estar próximo a aparecer en el horizonte.

36

Fijar metas: un sólo tamaño no se ajusta a todas las tallas

"Lo importante es saber qué funciona para ti".

Henry Moore

Si has escuchado a oradores motivacionales o leído cualquier libro de autoayuda, sin duda reconoces la importancia de trazar metas. De hecho, muchos te dirán que las metas son la clave del éxito. Bueno, por casi 20 años he estado estudiando el establecimiento de metas y tengo que confesar algo: todavía no logro dominar este intrigante tema.

Este es el problema: los oradores y escritores motivacionales tienden a simplificar demasiado el establecimiento de metas. Quienes defienden lo que llamaré el "método tradicional para fijar metas", te aconsejan que hagas lo siguiente para alcanzar tu objetivo:

• Fija una meta. En otras palabras, determina lo que quieres lograr

• Escribe esa meta

• Establece una fecha límite para alcanzarla

• Desarrolla un plan y ponlo en práctica

• Visualiza un resultado exitoso

• Conserva una actitud positiva

- Evalúa tu avance y haz ajustes donde sea necesario
- Persiste hasta que alcances tu meta

Todo eso suena genial, excepto por un problema, ¡la mayoría de personas no alcanza sus metas usando este método! La gran mayoría no está a la altura de la marca. Con este sistema he alcanzado muchas metas y también he fallado en lograr otras. Además apuesto que prácticamente todos los que están leyendo este artículo no han logrado muchas de muchas usando esta fórmula, a pesar de haber sido optimistas y haber dado pasos importantes.

¿En qué fallamos? ¿Por qué alcanzamos algunas metas haciendo uso de esta fórmula pero no podemos logar otras? Aunque no pretendo tener todas las respuestas, éstas son algunas de mis opiniones respecto a la fijación de metas.

1. **Muchos triunfan sin tener metas específicas.** Con los años he observado personas con muchos logros que han tenido éxito sin haberse fijado ninguna meta. El actor Harrison Ford ha dicho que su meta no era ser estrella de cine. Antonio Banderas dijo que nunca se fija metas y que además le parece muy limitante. Cindy Crawford nunca se propuso ser una "súpermodelo". La ex Secretaria de Estado, Madeline Albright dijo que nunca se propuso ser Secretaria de Estado, ni, por lo tanto, ser Designada como Embajadora ante las Naciones Unidas. Y supongo que Vincent Van Gogh, no se limitó a escribir: "Voy a pintar tres obras maestras en los próximos 90 días y ganaré un millón de dólares".

   En conclusión: algunas personas son muy exitosas sin tener que usar métodos tradicionales para trazar objetivos.

2. **Para triunfar debes tener claridad y pasión, ya sea que tengas metas o no.** Cuando cito ejemplos de quienes son exitosos sin metas, quiero enfatizar que, aún así, esas personas tenían una visión clara de lo que querían hacer. Estaban y siguen estando apasionadas por su trabajo, constantemente están aprendiendo y creciendo en su campo, están dispuestas a asumir riesgos y viven muy comprometidas con hacer lo que sea necesario para seguir avanzando. Quienes no tienen claridad ni certeza, nunca logran éxito duradero.

3. **Las reglas son diferentes cuando se trata de negocios y ventas.** He visto que para tener éxito en los negocios y en las ventas necesitas trazar metas (usando muchos de los métodos tradicionales). Ésta es la razón: en las ventas necesitas obtener resultados rápidamente.

   Debes producir o estás "fuera del juego". Las empresas no pueden darse el lujo de tener la mentalidad de "trabajaremos duro y estará bien si triunfamos". Usando ese método la empresa seguramente no logrará pagar sus cuentas, ni ganará la confianza de los inversionistas. Hay algunas empresas que progresan sin trazar metas específicas, pero esas organizaciones son más la excepción.

   Las empresas cada vez más están haciendo uso de análisis de personalidad para evaluar a quienes se postulan para posiciones de ventas y decidir si los postulados tienen el potencial para tener éxito en ese campo. Éste es un método positivo y ayuda a identificar a quienes son adecuados para jugar bajo esas "reglas".

4. **Algunas personas sencillamente no se acomodan a los modelos tradicionales de fijación de metas.** Muchos de los que defienden los métodos tradicionales para el establecimiento de metas afirman que funciona para cualquier persona. Yo ya no creo eso. Si Harrison Ford hubiera trabajado como vendedor de seguros, probablemente habría fracasado vergonzosamente. Algunas personas simplemente no dan buenos resultados trazando metas específicas y alcanzándolas dentro de un plazo determinado. Esa no es la manera como dan su mejor rendimiento.

5. **Las metas no alcanzadas por lo general muestran falta de compromiso.** Tenemos la capacidad de lograr la mayoría de metas que nos trazamos. Pero con frecuencia nos hace falta un ingrediente necesario: compromiso. Pensamos que estamos comprometidos con alcanzar una meta, mas en realidad no estamos comprometidos con hacer lo que sea necesario para lograrla. Nos frustramos y posteriormente renunciamos a ella. Así que, si no estás avanzando mucho con respecto a una meta, es muy probable que no estés realmente comprometido.

6. **Las metas no alcanzadas sirven para un propósito.** Es fácil ver las metas que no hemos logrado como una decepción o algo malo.

Pero yo no lo veo así. De hecho, las metas "fallidas" tienen un propósito que consiste en reorientarnos hacia un nuevo camino. A menudo trazamos metas basados en lo que otros nos dicen o en lo que parece una buena manera de tener éxito y ganar dinero. Cuando no logramos esas metas, nos rendimos y luego tenemos la oportunidad de seguir otro camino, el cual suele tener más relación con nuestras habilidades y personalidad única.

7. **Cuando se trata de alcanzar metas, hay un factor "X".** Seguro, debes tener una actitud positiva, entusiasmo y compromiso para lograr una meta. Pero también hay un factor intangible funcionando tras bambalinas al cual llamo el factor "X". En eventos deportivos, todos hemos visto que el juego final del campeonato lo puede definir un rebote del balón, una fracción de pulgada o una falla del árbitro. Definitivamente el competidor preparado es el que se pone en posición para ganar, pero no te equivoques con esto, a veces las sorpresas o el destino parecen atravesarse para ayudarnos a alcanzar ciertas metas.

Hace más de 40 años, el médico Maxwell Maltz escribió un libro clásico sobre la fijación de metas titulado *Psycho-Cybernetics*. El doctor Maltz creía apasionadamente que necesitamos tener metas u objetivos. Pero pensaba que era contraproducente procurar entender conscientemente cómo lograrlos. Él recomendaba concentrarse en el resultado final y permitir que tu sistema de dirección automático determine los "medios por los cuales" alcanzarás tu meta.

Mi punto es que el trazar metas no es un concepto de que "un tamaño se ajusta a todas las tallas". Está bien si muchos se confunden en este punto. También está bien si definitivamente no estás de acuerdo conmigo. Quiero que comiences a pensar más en trazar metas en lugar de solamente seguir métodos que no funcionan para ti. Los métodos para trazar metas de forma tradicional funcionan para algunas personas y a ellas las animo a seguir usándolos. Pero no funcionan para todos, y las estadísticas lo demuestran convincentemente.

Hay un camino que funcionará para ti. ¡Sigue retando y puliendo los diversos métodos para fijar metas y encontrarás un sistema que te produzca resultados positivos!

37

Más disciplina, más éxito

"Hay una gratificación múltiple para
cada esfuerzo disciplinado".
Jim Rohn

Cuando escuchas la palabra "disciplina", puedes pensar en el regaño de un padre o maestro. O probablemente pienses en los procedimientos rigurosos de los militares. Es cierto que la disciplina no suena muy divertida y definitivamente para la mayoría tiene una connotación "negativa".

Pero quienes triunfan, aprenden y crecen, ven la disciplina de una manera muy diferente. Reconocen que la disciplina en realidad es un aliado o medio que nos permite lograr los resultados que queremos alcanzar.

Démosle una mirada más de cerca al significado de esta palabra. La definición de disciplina en el diccionario es "entrenar la mente, el cuerpo o las facultades morales; autocontrol".

La disciplina realmente se trata de formar y conservar ciertos hábitos o rutinas útiles, al tiempo que reducimos las acciones inapropiadas o que pueden perjudicarnos. Lo admitamos o no, todos somos criaturas de hábitos. Todos los días entrenamos nuestra mente y cuerpo para obtener determinados resultados. Puede que no te gusten los resultados que estás obteniendo pero has desarrollado un programa de entrenamiento para producirlos. Los hábitos que seguimos cada día dictan nuestro éxito, la manera como nos relacionamos con los demás, nuestro estado de salud y muchas otras cosas.

A continuación encuentras unas de las maneras como la disciplina funciona en nuestra vida y cómo podemos usar ese poderoso principio para nuestra ventaja:

La disciplina produce resultados positivos. Quienes quieren ahorrar dinero, pueden lograrlo. Las personas que quieren perder peso, pueden hacerlo (mientras no haya influencia de una enfermedad). Aquellos que desean desarrollar más capacidad física o resistencia muscular, pueden lograrlo si hacen ciertas cosas con frecuencia. Ésa es la belleza de la disciplina. Si te esfuerzas, producirás el resultado positivo que buscas. Puede tomarte más o menos tiempo que otras personas, pero obtendrás resultados importantes si sigues haciéndolo.

La disciplina enseña paciencia y perseverancia. Si estás fuera de forma y comienzas una rutina de caminata, el primer día probablemente caminas media milla. El segundo día caminarás media milla y una cuadra. Al tercer día caminarás media milla y dos cuadras. El ver progresos cada día te emociona pero sabes que va a tomar tiempo llegar a caminar cinco millas. Estás aprendiendo que la mayoría de metas toman tiempo y que no hay éxito de la noche a la mañana. Hoy en día muchos buscan la "solución rápida". La actividad disciplinada nos enseña a ser pacientes y a entender que "lento y constante" se gana la carrera.

La disciplina es "contagiosa" y genera impulso. Cuando te comprometas a seguir una disciplina en particular, los resultados que obtengas te van a emocionar. Si estás siguiendo una dieta y pierdes diez libras durante las primeras dos semanas, te sentirás motivado a seguir. Si separas 10% de cada pago que recibes y lo pones en una cuenta de ahorros, tendrás un sentimiento de satisfacción al ver crecer esa cuenta. Pero también hay un beneficio más. Cuando hayas avanzado considerablemente en un área, habrás adquirido el poder de la disciplina. Querrás hacer cambios positivos en otras áreas de tu vida. Probablemente quieras unirte a un grupo de oradores o conferencistas para mejorar tus habilidades de oratoria o tomar clases para mejorar tus destrezas tecnológicas.

La disciplina aumenta la autoestima. Lo he visto muchas veces. Comienzas a ejercitarte, tienes más energía y pierdes peso. Te sientes mejor contigo mismo. Por tu decisión tienes más confianza y más estímulo. Con más autoestima te ves mejor, tienes más energía, proyectas confianza y atraes muchas cosas positivas a tu vida.

Supongo que a medida que has ido leyendo este artículo, algo te ha saltado a la vista, ¡aquella área en la que necesitas algo más de disciplina! Probablemente necesitas seguir un sistema para contactar más clientes potenciales de manera más consistente. Quizás necesitas establecer un presupuesto y eliminar las compras impulsivas. O tal vez necesitas ejercitarte y ponerte en mejor estado físico.

No te prometo que todo será diversión. La disciplina genera resultados pero no siempre es divertida. Siempre me asombra escuchar a Jack LaLanne (ahora en sus noventa años) cuando lo entrevistan sobre su asombrosa condición física. Cuando le preguntan que si le encanta ejercitarse todos los días, él responde sonriendo: "Lo detesto". Pero Jack hace su rutina cada día porque le encantan los resultados que obtiene al hacer esos ejercicios diarios.

Julie Andrews expresó el valor de la disciplina de la siguiente manera: "Algunas personas ven la disciplina como un deber. Para mí, es una clase de orden que me libera para volar". Es hora de que seas libre para volar y que entiendas tu grandeza.

Identifica cuál es la disciplina más importante que mejorará tu vida. Ya sabes, las cosas que siempre dices que harás "algún día". ¡No hay mejor momento para comenzar que ahora mismo!

38

Suelta tu apego a la preocupación

*"La preocupación es tan útil como
una manija en una bola de nieve".*
Mitzi Chandler

A nivel intelectual sabes que preocuparse hace más daño que bien. Cuando te preocupas, tus músculos se tensionan, te duele el cuerpo, tu energía se consume. Charles H. Mayo dijo: "La preocupación afecta la circulación, el corazón, las glándulas y todo el sistema nervioso". Peor aún, ¡tu preocupación no hace nada para cambiar las situaciones por las que te preocupas!

Dicho esto, aquí tienes una noticia de ánimo: es posible aprender a soltar tu apego a las preocupaciones. Lo que sigue a continuación son unas técnicas para reducir la cantidad de tiempo que pasas preocupándote:

1. **No luches contra la preocupación.** Esta es una batalla en la que la preocupación ganará al final. Un viejo adagio dice: "Aquello que se resiste, persiste". ¿Alguna vez te has dicho: "No debería preocuparme", "Tengo que dejar de preocuparme"? Bueno, ¿eso te tranquilizó? No, intentaste resistir la preocupación y ésta persistió. Decirte a ti mismo que no te preocupes es como decirte que no pienses en una cebra. (¿En qué acabas de pensar?).

2. **Reconoce que la preocupación es una elección que tú haces.** Cuando asumas la preocupación como una elección, comenzarás a dar pasos importantes para reducir la cantidad de tiempo que pasas preocupándote. Una parte de ti comenzará a pensar: "¿Por qué seguir preocupándome si ya hice una elección en ese sentido?". Posiblemente no veas la preocupación como una elección porque hace muchos años desarrollaste el hábito de preocuparte. Has entrenado tu mente para que se preocupe en respuesta a ciertos estímulos. Afortunadamente estás en condiciones de crear un nuevo hábito. Puedes enseñarle a tu mente a funcionar de una manera más constructiva dirigiendo tu atención al presente o concentrándote en algo positivo.

3. **Aclara tu mente.** Hay ciertas disciplinas que ayudan a mejorar tu paz mental y a reducir la preocupación y la tensión. Algunas de ellas son: la meditación, el Yoga, el Zen, el Tai chi y varias artes marciales. También puedes aclarar tu mente por medio de la oración o entregándole tus preocupaciones a un Poder Superior. Personalmente doy testimonio del efecto tranquilizador del Yoga, he tomado clases durante los últimos siete años y sus posturas y los ejercicios de relajación te mantienen en el presente y abren ciertas áreas de tensión del cuerpo. La meditación también te permite liberar los pensamientos de preocupación y concentrarte en el ahora, donde no hay preocupaciones. (Al preocuparte te concentras en lo que ha de suceder en el futuro). La mayoría de personas no aprovecha estas disciplinas porque requieren esfuerzo y toma tiempo aprenderlas. Supongo que todo depende de cuánto desees dejar las preocupaciones y disfrutar de paz mental.

   También puedes aclarar tu mente mediante el ejercicio físico. Seguramente muchas veces has tenido esta sensación de bienestar. Tuviste un día difícil y muchas cosas te preocupaban. Fuiste al gimnasio o saliste a caminar. Después de tu sesión de ejercicio, tu mente estaba calmada y tranquila.

4. **Prepárate o da pasaos constructivos.** Solemos preocuparnos respecto a cómo desempeñar cierta labor. Por ejemplo, tenemos que hacer un discurso y nos inquieta la manera como reaccione

la audiencia. En lugar de preocuparte, éste es un mejor método: dedica algo de tiempo para preparar el discurso. Entre más practiques y te prepares, más confianza vas a tener y estarás menos preocupado.

5. **Respira.** Cuando te preocupas tu respiración se vuelve superficial y tu cuerpo se tensiona y está incómodo. Cuando te sientas preocupado respira lenta y profundamente varias veces y de inmediato te sentirás más calmado.

6. **Limita tu exposición a los medios.** ¡Estamos bajo el ataque... de los medios! El bombardeo de noticias negativas es suficiente para preocupar a cualquier persona. Se ha llegado al punto en el que puedes poner cualquier canal de noticias y enterarte de asesinatos, terrorismo y catástrofes las 24 horas del día, 7 días a la semana. Hay grupos de personas hablando de toda catástrofe potencial que puedan imaginarse. 99,9% de estos escenarios de pesimismo y fatalidad nunca sucederán y aún así bombardean nuestra mente con ese veneno. ¿En realidad necesitas escuchar esas cosas? ¿Eso cómo te ayuda? Se te dificultará encontrar algún informe que mejore tu paz interior o que tenga algo positivo. En pocos minutos puedes obtener las noticias que necesitas. Luego apaga el televisor. (A propósito, los periódicos y la radio tampoco son mejores).

7. **No te exijas tanto.** Frecuentemente nos preocupa que las cosas no salgan exactamente como queremos. Esperamos perfección y luego luchamos con alcanzar ese ideal de alguna manera. Si sigues con ese sistema, siempre estarás preocupándote porque estás creando un estándar que no puedes mantener constantemente. Sí, estás haciendo lo mejor que puedes. Nadie cierra la venta todas las veces, nadie batea un cuadrangular en cada turno al bate, nadie hace presentaciones perfectas todas las veces. Alégrate con la excelencia y deja de preocuparte por ser perfecto.

8. **Pasa tiempo con personas que no se preocupan.** Esas personas de verdad existen y vale la pena encontrarlas. Cuando compartes con gente calmada, te sentirás más calmado. Es más, pregúntales cómo pueden evitar preocuparse. Luego elige cuál de sus estrategias es apropiada para ti.

Mark Twain dijo en una ocasión: "He pasado la mayor parte de mi vida preocupándome por cosas que jamás sucedieron". Sin duda la preocupación te enferma y no produce ningún resultado benéfico. Pero no creo que sea un hábito que vayas a cambiar de la noche a la mañana. Más bien es un cambio sutil en las cosas sobre las cuales fijas tu atención. Tu apego a la preocupación lo sueltas gradualmente. Puedes educar tu mente para pasar más en el tiempo presente o en algo positivo. El esfuerzo valdrá la pena y tu cuerpo, tu mente y tu espíritu te lo agradecerán.

39

Estás autorizado para decir "¡No!"

"No conozco la clave del éxito, pero la clave del fracaso es intentar agradar a todo el mundo".
Bill Cosby

T ienes más trabajo del que puedas manejar. Por no mencionar el tiempo que gastas como funcionario de tu asociación comercial y como entrenador del equipo de fútbol de tu hijo. Tu teléfono suena y es Sally, otra funcionaria de la asociación comercial. Sally te dice que estás haciendo un gran trabajo para la asociación y luego te pregunta si estarías dispuesto a presidir el comité organizador de un gran evento en tres meses.

Sabes que ese proyecto implica muchas horas de trabajo, incluyendo fines de semana. Tienes la sensación de vacío en la boca del estómago. El corazón te dice que digas "no". Tu espíritu te dice que digas "no". Pero de alguna manera, lo que sale de tu boca es "Sí, lo haré".

¿Qué pasó aquí? ¿Cómo un "no" se convirtió en un "sí"? Tal vez no querías decepcionar a otros. O tal vez querías ser apreciado. Por alguna razón te comprometiste a hacer algo que no querías hacer. La mayor parte de mi vida la viví de esa manera. Diciendo "sí" cuando en realidad quería decir "no". Apuesto que has hecho lo mismo muchas veces.

Esto puede suceder en el trabajo cuando alguien te pide que asumas una tarea extra o que ayudes el fin de semana. Y en nuestro tiempo libre también tenemos que tomar decisiones cuando se trata de actividades de la familia, comunidad u otras.

Sé lo que algunos de ustedes están pensando: "Si digo "no" a algunas de estas cosas, voy a quedar mal o afectaré mis posibilidades de obtener un ascenso. Por ejemplo, si rechazo una petición de mi supervisor, voy a ser visto como alguien que no es leal al equipo. Si digo "no" a asistir a la boda de mi primo (el primo que no he visto en 15 años), el resto de la familia hablará de mí".

Sí, decir "no" TIENE consecuencias. Puede que no obtengas tu ascenso. Tus familiares van a hablar de ti a tus espaldas. Pero no nos engañemos. Decir "sí" también tiene sus consecuencias cuando no quieres decir "sí." Te resientes y te enfadas. Sientes que no tienes el control de tu propia vida. No estás viviendo una vida coherente con tus valores y prioridades.

No te estoy animando a volverte perezoso y a negarte a ir la milla extra en el trabajo y en tu vida personal. Todos realizamos actividades que no disfrutamos mucho, como dedicar la hora de almuerzo para trabajar en un proyecto clave, ir a un velorio después de un largo día de trabajo, etc. Además, no se trata de ser egoísta y pensar sólo en tus propios intereses. Lo que estoy diciendo es que ¡tú también cuentas! Pero bloqueas tu propio éxito cuando te sientes resentido por hacer cosas que no quieres hacer. Las actividades no deseadas no sólo quitan tiempo sino que también desgastan tu energía.

Entonces, ¿qué puedes hacer para ayudarte a decir "no" en lugar de "sí"? Establecer límites es muy útil porque te ayudará a dar una respuesta cuando alguien te pida que hagas algo. Mejor aún, haz que los demás conozcan estos límites de antemano para que no se sorprendan cuando digas "no". Por ejemplo, si decides que no vas a trabajar los fines de semana (excepto en casos específicos de emergencia), cuando alguien te pida ayuda el sábado, puedes decir no y decirle que tú pasas los fines de semana con tu familia. Para mí, el tiempo de ejercicio el sábado y el domingo es sagrado. Si no estoy haciendo una presentación de fin de semana o viajando, me cuesta mucho cancelar o reprogramar mis sesiones de ejercicio. Si alguien me pide que haga algo en ese horario, yo amablemente le digo "no" porque valoro mucho mi salud y bienestar como para dejar que otras cosas se interpongan.

También recibo muchas solicitudes para hablar en clubes de servicio y ciertas reuniones de asociaciones comerciales en las noches de lunes a viernes. Es un honor que me pidan esto pero en la mayoría de los casos rechazo amablemente la invitación. Yo tracé algunos límites y decidí hacer cierta cantidad de presentaciones de esas al año, pero eso es todo. De lo contrario, no podría tener un tiempo tranquilo en casa por las noches. Está bien si alguien piensa que estoy siendo poco razonable. Me siento mejor con la decisión que he tomado porque estoy siendo fiel con lo que es importante en mi vida. Como consecuencia, he visto que mis presentaciones son más auténticas y eficaces.

Puedes pensar que eres indispensable, que tienes que decir "sí" porque el mundo se vendrá abajo si no corres al rescate todas las veces. ¡Tonterías! Al final te defraudas a ti mismo y terminas sintiéndote lastimado.

Esta es la conclusión: Estás autorizado para decir "no". Es una pequeña palabra de dos letras que tiene el poder de liberarte y mejorar significativamente tu calidad de vida.

40

Reconoce a otros
y construye tu éxito

*"El principio más profundo de la naturaleza
humana es el anhelo de ser apreciados".*

William James

¿Te gusta que te reconozcan y aprecien por tus esfuerzos? A mí sí. Me siento muy bien cuando alguien me llama o me escribe diciéndome que se ha visto beneficiado por mis artículos o presentaciones. También recuerdo a esa persona y me encuentro deseando ayudarla de cualquier manera posible.

Si, como lo sugiere William James, los humanos "anhelan" ser apreciados, se esperaría que todo el mundo mostrara aprecio por los demás. Pero veo que ese no es el caso. Pocos se toman el tiempo para llamar o enviar una carta para reconocer los esfuerzos de otra persona. Cuando alguien recibe un mal servicio o trato, reacciona rápido para registrar una queja. Pero cuando esa misma persona recibe un excelente servicio o un trato amable, rara vez ofrece un halago.

Cuando no reconoces a alguien que te ha sido de ayuda, te quitas la satisfacción que viene de expresarle aprecio y le quitas a él o ella el gozo que viene de recibir elogios y reconocimiento.

Si alguien te refiere un cliente, te envía materiales escritos de gran ayuda o de alguna manera te ayuda en tu empresa o vida personal, en agradecimiento, envíale un correo electrónico o una nota escrita. En algunos casos es apropiado hacer una llamada telefónica. El que recibe la nota o la llamada se sentirá más inclinado a ayudarte en el futuro. ¿Por qué? Porque estás satisfaciendo el "principio más profundo de la naturaleza humana", la necesidad de ser apreciado. Si el empleado o representante de una empresa presta un excelente servicio, también puedes enviarle una carta a su superior resaltando el servicio especial que recibiste de esa persona.

Aunque no deberías dar elogios o hacer cumplidos a fin de lograr ventajas futuras, puedes estar seguro de que esa práctica obrará para tu beneficio. Piénsalo. Si uno de tus clientes te envió una carta de agradecimiento por el servicio excelente que le prestaste, ¿no dejarías de hacer lo que estás haciendo para ayudar a ese cliente nuevamente en el futuro?

Miremos un ejemplo: el lunes la señora Jones de la Empresa ABC les presta un servicio excelente e idéntico al cliente #1 y al cliente #2. Después de los esfuerzos de la señora Jones el cliente #1 no dice ni hace nada. El viernes la señora Jones recibe una nota escrita a mano del cliente #2, en la que le expresa su sincero agradecimiento a la señora Jones por su profesionalismo, cortesía y manejo eficiente de la orden. La próxima vez que los clientes #1 y #2 llamen a la señora Jones para hacer una orden, ¿no crees que el cliente #2 recibirá un servicio un poco mejor?

Haz que sea un hábito

Al elogiar o reconocer los esfuerzos de los demás, asegúrate que tus comentarios sean sinceros. La gente sabe cuándo estás tratando de manipularlos con adulaciones.

Sugiero que desarrolles el hábito *diario* de reconocer a los demás y de halagarlos por cualquier aporte que hagan a tu vida. Por ejemplo, si un compañero de trabajo te ayuda, hace que tu trabajo sea más fácil o que tu día sea más agradable, asegúrate de agradecerle por su ayuda.

Este es otro ejemplo: si recibes un servicio particularmente bueno de parte de un mesero, dile al final de la cena lo bien que hizo su trabajo y que logró que tu cena fuera más agradable. Su cara se iluminará y tendrás un buen sentimiento de aprecio en tu interior. También puedes hacer una nota de la manera como te trata la próxima vez que él tenga la oportunidad de atenderte.

Si te comprometes a desarrollar ese hábito, vas a sobresalir y disfrutarás de más éxito. Para triunfar necesitas la cooperación de los demás. ¿No te parece razonable que la gente esté más dispuesta a ayudarte si los reconoces y aprecias? Además, ya sea que recibas o no, algún beneficio tangible, te sentirás mejor cuando reconozcas y elogies los esfuerzos de quienes te rodean.

Supongo que ahora puedes pensar en muchas personas que han hecho cosas por ti o que te han ayudado de alguna manera especial en tus negocios y asuntos personales. Toma el teléfono o escríbeles una nota de inmediato y hazles saber que los aprecias. Haz que sea un hábito y verás que obtendrás más de lo que deseas en la vida.

41

El acelerador de actitud

*"Una gran pasión por tus planes asegurará el éxito,
pues el deseo del fin mostrará los medios".*
William Hazlitt

"¿**C**ómo puedo desarrollar una actitud más positiva y mantenerla?". Esa es una pregunta que me hacen constantemente. Mi respuesta típica es esta: logras una perspectiva positiva al disciplinar tu mente por medio de la repetición. A diario lee material con contenido positivista, escucha programas de audio que sean motivacionales, pasa tiempo con personas optimistas, usa lenguaje positivo.

Pero hay una técnica más que puedes usar para darle un gran impulso a tu actitud. La llamo "El acelerador de actitud". ¿Cuál es esta fórmula mágica?

SIGUIENDO TU PASIÓN

Con pasión me refiero a una actividad que te emocionas al realizarla o con simplemente hablar de ella. Cobras vida. Tu entusiasmo se rebosa.

Algunas personas tienen la fortuna de estar en una profesión en la que persiguen su sueño todos los días. Esas personas son las que aman ir a trabajar. Enfrentémoslo: es difícil tener una actitud positiva si odias lo que haces durante todo el día.

Para los propósitos de este artículo, me estoy concentrando en áreas en las que asumes un papel *activo*. Por ejemplo, ver deportes como espectador te puede apasionar, pero a eso no es a lo que me refiero. Te estoy pidiendo que identifiques oportunidades en las que sea posible participar. No tiene que ser algo en lo que tengas que esforzarte demasiado. Por ejemplo coleccionar estampillas, monedas o cómics, estudiar Historia del Arte y visitar museos. Podrías escribir un libro. Sólo *tú* sabes qué es lo te entusiasma.

Sé lo que algunos de ustedes están pensando. Están diciendo: "Yo sé cuál es mi pasión, pero no sería realista perseguirla ahora. Tengo que pagar una hipoteca. Tengo que ayudar para la manutención de mi familia. Sencillamente no puedo renunciar a mi trabajo y hacer lo que me encanta".

Puedes estar seguro de que NO estoy sugiriendo que actúes de forma irresponsable. No tienes que renunciar a tu trabajo para perseguir tu pasión. Muchas personas usan esto como excusa. La verdad es que para empezar puedes tomar aquello que te apasiona como un pasatiempo. Eso es lo que yo hice. Me gustaban tanto los materiales motivacionales que comencé a pensar en cómo compartir esa información con otros. Todo lo que sabía era que ese material me apasionaba y quería hacer algo con eso.

En ese tiempo yo todavía era un abogado en ejercicio. También era alguien que nunca asumía riesgos, siempre iba a lo seguro. En realidad no veía cómo podría hacer que esto sucediera en mi vida. Una vez un catálogo de educación para adultos llegó a mi casa por correo, describía los cursos nocturnos que se estaban dando en la escuela secundaria local. En la parte trasera del catálogo había una página que decía: "¿Está usted interesado en enseñar algún curso?". Si así es, háganos saber cuál es su área de experiencia y envíenos un bosquejo". Les hice llegar mi propuesta, y para mi sorpresa, recibí una llamada comunicándome que había sido aprobada y que mi clase comenzaría en unos pocos meses.

Como el curso era por la noche, yo enseñaba después de trabajar en mi empleo normal como abogado. Fue una de las mejores decisiones que jamás haya hecho y fue la puerta de entrada a todo un mundo nuevo. No te cuento esta historia para darme palmadas en la espalda. Esto es a lo que voy: piensa en la opción de seguir trabajando en tu empleo normal y aún así perseguir tu pasión. De hecho, yo asumí mi pasión como un pasatiempo durante cinco años mientras gradualmente iba saliendo de mi carrera como abogado.

Permíteme compartir otro ejemplo. David Baldacci era un abogado casado y con dos hijos. Pero su pasión era ser escritor. Entre las 10 de la noche y las 2 de la mañana se dedicaba a trabajar en sus escritos. Se divertía haciéndolo, no era una obligación. Durante 10 años seguidos hizo lo mismo, concluyendo algunas historias cortas y unos guiones. Sus ventas durante ese periodo: CERO. Luego, en 1996, ganó millones de dólares por los libros y los derechos de película de su novela de suspenso *Absolute Power*. Clint Eastwood protagonizó la película. Baldacci ha pasado a escribir muchas otras novelas que han sido éxitos de ventas. Al seguir su pasión y mantener una gran actitud, sus esfuerzos dieron resultados, excelentes resultados.

Supongo que la mayoría de ustedes tiene una pasión que no está persiguiendo ahora mismo. Probablemente quieres ser escritor. Quizás te gustaría cantar, tocar en una banda o hacer algún show de comedia. Tal vez tienes talento trabajando con tus manos o eres un excelente cocinero con unas recetas únicas. Sólo sabes que cuando piensas, hablas, o realizas esa actividad, te sientes apasionadamente vivo. El tiempo parece pasar rápido y estás completamente entretenido en ese momento.

Creo que cada persona viene a este mundo con talentos especiales que debe expresar. Tú tienes talentos que pones sobre la mesa y expresas de una manera que nadie más logra hacerlo. Te sientes optimista, pleno y feliz cuando expresas ese talento y sientes como si "algo faltara" cuando te rehúsas a participar en esa actividad y la ignoras constantemente. La naturaleza no te da el deseo de hacer algo para lo que no tienes la habilidad. Tú tienes el deseo de buscar esa pasión porque fuiste hecho para realizarla y generalmente también harás un aporte positivo a la vida de otros cuando desarrolles ese talento y lo expreses.

Seguir mi pasión me condujo a un cambio de profesión. Pero ese no es el caso de todos. Puedes divertirte mucho y disfrutar al seguir tu pasión mientras sigues en tu empleo actual. De hecho, encontrarás que tu entusiasmo se extiende a tu empleo de tiempo completo.

Es por eso que todo el tiempo digo que no tienes que renunciar a tu empleo. Haz a un lado esa excusa. Encuentra *alguna* manera de hacer lo que amas. Toma el tiempo que has estado usando para ver televisión o leer los artículos negativos del periódico y destínalo para perseguir lo que te apasiona.

A propósito, el simple hecho de que te apasione hacer algo no quiere decir que vas a poder hacerlo bien de inmediato. En la mayoría de casos hay que desarrollar el talento y estar dispuesto a enfrentar los temores.

Yo tenía una pasión por comunicar ideas motivacionales pero al comienzo no tenía experiencia para hablar en público. Tuve que desarrollar ese talento en un periodo de varios años. Además fue necesario aprender a mejorar mis habilidades de escritura. Eso también es cierto contigo. De nuevo, no uses la excusa de que no eres lo suficientemente bueno para buscar tu pasión en particular. Si te gusta cantar pero crees que no eres lo suficientemente bueno, toma lecciones de canto. Canta mal al comienzo, ¡pero CANTA!

Cuando sigas tu pasión serás mucho más optimista y emocionado ante la vida. Eso se extenderá también a otras actividades y te asombrará cómo se te abren oportunidades. No estoy diciendo que puedes tener la seguridad de que tu pasión te lleve a ganar mucho dinero. Es posible que así sea, pero de nuevo, puede que no. De todas formas, que el dinero no sea tu enfoque principal. Cuando sigas tu pasión vas a ser una persona más feliz y plena. Y escucha lo que te digo: es una decisión de la que nunca te lamentarás y hará maravillas en tu actitud.

42

Éxito: espera lo inesperado

"Debes asumir riesgos. Sólo entendemos completamente el milagro de la vida cuando permitimos que suceda lo inesperado".

Paulo Coelho

A principios del año 2005, recibí un correo electrónico de un traductor japonés llamado Takashi, quien tradujo al japonés mi primer libro, *Attitude is Everything (La actitud lo es todo)*. Ahora él quería que yo escribiera un libro de autoayuda específicamente diseñado para el mercado japonés.

Decidimos que yo escribiría una historia acerca de un ejecutivo retirado que sirve como mentor de un joven vendedor enseñándole los principios del éxito.

El proyecto se veía sencillo. Yo escribiría el libro con la ayuda de Takashi. Él traduciría el manuscrito al japonés y lo presentaría ante las editoriales japonesas más destacadas. Por lo menos una de las editoriales japonesas accedería a publicarlo. Yo haría el contrato con la editorial y Takashi y yo recibiríamos la compensación por nuestro trabajo. Desde luego, en el proceso también estaríamos produciendo un libro que sería muy valioso para los lectores en Japón.

Así que seguimos el plan. Por dos meses trabajé en el libro con Takashi, capítulo por capítulo. Cuando terminamos, los dos estábamos emocionados. Takashi tenía en mente una editorial japonesa en particular, así que le envió el manuscrito a esa firma. Ellos expresaron interés en el manuscrito pero después de unas semanas decidieron no publicar el libro.

Impasible, Takashi le ofreció el libro a otra editorial. Ellos pensaron que tenía potencial. Sin embargo, aproximadamente dos semanas después, también decidieron no publicar el libro. Takashi le envió el libro a una tercera editorial y obtuvimos un tercer rechazo. Luego una cuarta editorial también rechazó el manuscrito. En este punto nuestro proyecto no se veía muy prometedor.

Permíteme devolverme por un momento. Poco después de haber recibido el primer rechazo, yo estaba planeando asistir a Book Expo América, una gran exhibición comercial que se hace cada año para la industria editorial. Este evento fue en la ciudad de New York durante la primera semana de junio de 2005. Aproximadamente una semana antes de Book Expo, estuve hablando con mi amigo y colega escritor Jim Donovan. Él me dijo que el director general de una agencia de literatura japonesa asistiría al evento y me dio la dirección electrónica en donde podía contactarlo. Le envié un correo y él respondió enseguida. Acordamos una cita para reunirnos en New York.

Durante nuestra reunión le hablé acerca del manuscrito recientemente escrito con Takashi. A él le pareció que el libro era prometedor y dijo que lo presentaría ante las editoriales japonesas. Justo cuando estábamos a punto de despedirnos, me dijo: "Conozco un agente literario surcoreano que creo, puede estar interesado en este manuscrito. ¿Está bien si se lo muestro?". Desde luego, lo animé a enviarle el manuscrito a ese agente.

Mientras todo esto sucedía, había eventos sucediendo en Japón. Cuando Takashi recibió la respuesta de rechazo de la cuarta editorial, sugirió que revisáramos el libro quitándole la historia y el diálogo y creáramos un libro de 57 ensayos cortos. El libro revisado tendría gran parte del mismo contenido pero sin la historia. En este punto, yo no sabía qué pensar. Takashi estaba dispuesto a hacer el trabajo diligente de revisar el manuscrito y procedió a compilar un libro de 57 ensayos cortos.

Poco después de terminar la nueva versión del libro recibí un correo electrónico de un agente literario de Corea del Sur. ¡Había encontrado que varias editoriales estaban interesadas en adquirir los derechos del manuscrito original! Elegimos una excelente editorial coreana y cerramos el trato.

Casi al mismo tiempo, Takashi entregó el manuscrito revisado a la primera editorial japonesa que había rechazado el manuscrito inicial. ¡Después de revisar cuidadosamente el libro de ensayos, la editorial japonesa accedió a publicar el libro!

Así que, comencé escribiendo un libro para Japón. Después de unos meses, parecía que ese libro no sería publicado en Japón y que un proyecto prometedor había llegado a su fin. Pero, al final tuve dos libros publicados, uno en Corea de Sur y otro en Japón. No cuento esta historia para impresionarte con mis negocios de libros (Créeme, John Grisham, y Stephen King no están celosos). Es sólo un ejemplo de cómo el éxito se presenta de maneras que nunca imaginamos. En esta historia hay algunas lecciones que se aplican a cualquier meta que te propongas lograr.

Confía en tus constantes sentimientos optimistas. Mientras escribía el libro con Takashi disfruté mucho del proceso. No solamente nos gustó trabajar juntos, también pudimos instruirnos mutuamente respecto a los matices de nuestras culturas. He aprendido que los sentimientos positivos que tienes durante la realización de una actividad son una señal indicando que vas por el camino correcto y que eventualmente lograrás resultados positivos. Así que, después, cuando surgieron los retos y obstáculos, recordé los sentimientos positivos que había tenido mientras escribía el libro y seguí confiando en que el proyecto al final sería exitoso.

Es más, aún si no hubiera habido tratos de publicación, mi tiempo no habría sido "desperdiciado". Al participar en este proyecto honré mis habilidades de escritor. Aprendí de la cultura japonesa. Y, lo más importante, dediqué tiempo a hacer algo que disfruté. ¿Cómo puede ser eso un "fracaso"?

(Nota: la palabra "constante" en este punto es muy importante. Se puede tener alegría temporal al abusar de bebidas alcohólicas, consumir narcóticos o comer demasiado. Pero, esos "buenos" sentimientos son de corta duración y posteriormente se ven reemplazados con sentimientos negativos e incomodidades físicas).

A menudo la adversidad precede la victoria. Como lo describí anteriormente, Takashi y yo no tuvimos "viento en popa" con este proyecto. Al comienzo estábamos confiados en que el manuscrito sería aprobado en Japón. Pero no resultó así. En lugar de eso, encontramos muchos rechazos y llegamos a lo que pareció el final del camino. Pero, tras esas decepciones, fui referido al agente literario coreano quien encontró que varias editoriales coreanas querían adquirir los derechos del manuscrito original. Además, Takashi tuvo la idea de crear un libro de ensayos cortos y los derechos del manuscrito revisado se vendieron rápidamente a una reconocida editorial japonesa.

Todo sucede por una razón. Una persona de Japón a quien nunca he conocido personalmente (Takashi) me contacta por correo electrónico para que conjuntamente hagamos un libro. Justo unos días antes de la exhibición comercial en la ciudad de New York, mi amigo Jim Donovan me hace saber que el director general de una agencia de literatura japonesa también asistirá al evento. El director general decide referirme con un agente literario en Corea del Sur, quien casi de inmediato me consigue un contrato con una editorial coreana. Takashi revisa el manuscrito y se lo entrega a la editorial que rechazó el manuscrito inicial. En esta ocasión decide comprar los derechos para la publicación del libro en japonés.

Probablemente todas estas te parezcan "coincidencias" aleatorias, pero por nada creo que así sea. Hay fuerzas en el Universo que conspiran para ayudarnos, crear oportunidades y poner gente en nuestro camino. Con frecuencia subestimamos el significado de estos eventos y estas personas. Cuando comienzas a creer que esos hechos están sucediendo por algún motivo, puedes aprovechar las "aparentemente" coincidencias del azar y usarlas para tu beneficio.

¿Ha habido momentos en los que pensaste que el éxito te llegaría de cierta manera? Ésta es la realidad: en muchos casos, las personas de quienes esperas ayuda no te apoyarán. Y aquellos de quienes menos esperas respaldo terminan por jugar un papel vital. El éxito tiene muchos giros y vueltas. En tu camino vas a necesitar persistencia y flexibilidad. Mantén la fe y confía en que obtendrás un resultado exitoso.

43

Desatáscate

"Cuando un sabio se enfada, deja de ser sabio".

El Talmud

ecuerda la última vez que organizaste la cantidad de cosas
que tienes en tu garaje o en el sótano o cuando sacaste
de tu ropero prendas que no has usado en años. ¿Cómo te sentiste
después de terminar esa labor? Apostaría que sentiste un golpe de
adrenalina y un verdadero sentido de logro. Te alejaste sintiéndote
más optimista contigo mismo el resto del día. Así como un émbolo
destapa tu fregadero, limpiar tu desorden físico te desatascará.

Cuando nuestro entorno físico está desordenado, nos sentimos
obstruidos e incómodos tanto en nuestro espacio físico como en
nuestra consciencia. Nuestra energía se bloquea. Nuestra creatividad
se aplasta.

Paso # 1
Ponte manos a la obra y comienza
a reducir el desorden físico

Si eres como la mayoría de personas, tienes desorden en tu casa o
apartamento y tienes desorden en tu espacio de trabajo. Comencemos
con el sitio donde vives. Regala las cosas que no estás usando. Considera si un familiar, amigo o una obra social pueden usarlas. Esta es mi
norma para mantener mi desorden al día: si voy a INTRODUCIR algo

nuevo, entonces algo viejo tiene que SALIR. En tu lugar de trabajo, limpia el escritorio. Conserva sólo las cosas absolutamente necesarias para el trabajo diario. Archiva o tira a la basura todo lo demás. Si se te dificulta hacer esta tarea, contrata a un organizador profesional que te ayude a reducir el desorden y organice sistemas para manejar los papeles y otros artículos. No tienes que obsesionarte por el orden. ¡Se trata de hacer un avance significativo en el desorden que te mantiene atascado! [NOTA: apilar ordenadamente todo el desorden no cuenta. Nuestra misión es *reducir* el desorden].

Paso # 2
Perdona a quienes sientes que te han agraviado

El desorden físico no es lo único que puede atascar nuestro sistema. Nos atascamos espiritual y emocionalmente cuando retenemos rencores, resentimientos y otras emociones negativas. ¿Tienes algún resentimiento hacia alguien ahora mismo? De ser así, tu sistema emocional y espiritual está taponado. Estás gastando energía en ese resentimiento, lo cual te "roba" energía que podrías estar usando en cosas más productivas.

Probablemente estás diciendo: "¡Pero tú no sabes lo que ésta persona me hizo!". Eso es cierto, no lo sé. Pero lo que sí sé es que tu resentimiento o rencor no TE está haciendo ningún bien. ¿Por qué quedarse con algo que te hace sentir enojado y miserable?

Si crees que tu rencor es demasiado fuerte como para dejarlo ir, considera lo que le sucedió a Victoria Ruvolo en noviembre de 2004. Ella iba conduciendo su auto por Long Island en New York. Un adolescente de 17 años arrojó un pavo congelado de 20 libras por la ventana trasera de su auto justo en la vía del tráfico que se acercaba en sentido contrario. El pavo rompió el parabrisas del auto de Victoria con tal fuerza que dobló el volante y destrozó cada hueso de su cara. Los cirujanos tuvieron que reconstruirle el rostro con placas de metal y tornillos.

En agosto de 2005 el adolescente fue declarado culpable por asalto en segundo grado. Ese día Ruvolo estaba en la corte. Le había pedido al fiscal del distrito que recomendara una sentencia indulgente para el joven. Así que él recibió una sentencia de sólo seis meses de cárcel. Cuando él iba saliendo de la corte, ella lo abrazó y lo consoló mientras él lloraba. Lo perdonó por un acto sin sentido que casi le quita la vida y le había causado heridas tan devastadoras.

Al perdonar al joven, Victoria Ruvolo se desatascó. Reconoció que la amargura sólo le iba a hacer daño cuando tratara de seguir con su vida. Su acto de perdón también ayudó a desatascar la vida del joven.

Es posible entender que Victoria haya perdonado al adolescente porque su *intención* no era causarle un daño tan severo. Su conducta fue osada pero no pretendía herir a nadie. Pero ¿qué del caso cuando el daño es causado intencionalmente? El Detective de Policía de New York, Steven McDonald, enfrentó esta situación en 1986. Mientras patrullaba el Central Park, el detective de 29 años detuvo a unos adolescentes para interrogarlos. Mientras hablaba con ellos, uno de los jóvenes (de 15 años) sacó un arma y le disparó en la cabeza y en el cuello. En el hospital, McDonald se enteró que para el resto de su vida había quedado paralizado del cuello para abajo. Necesita una máquina para respirar.

Al momento del accidente, McDonald llevaba casado sólo ocho meses y su esposa tenía tres meses de embarazo. Permaneció 18 meses en el hospital. Después de salir, McDonald perdonó al joven que le disparó. Dijo que tenía que hacerlo para liberarse de la ira y el resentimiento. Dicho en forma sencilla, necesitaba desatascarse y avanzar en su misión de cambiar los corazones de la gente.

Steven McDonald habla en escuelas acerca del perdón y de la resolución no violenta de conflictos. Es muy probable que lo que te haya pasado no se parezca en nada a algo tan serio como lo que le sucedió a Steven McDonald. Si él pudo perdonar a una persona que le disparó y lo dejó paralizado de por vida, ¿perdonarías tú a quienes te han causado algún dolor emocional o físico?

Recuerda, haces esto para desatascarte *tú*, así que no importa si la otra persona se entera o no, o si acepta tu perdón o no. Para el caso, esa persona podría estar muerta. Perdona y libérate. Piensa en familiares, amigos colegas o compañeros de trabajo. ¿Qué resentimientos guardas? Esto incluye tanto los grandes resentimientos como también los pequeños. Deja ir la amargura y sigue con tu vida. Esto no siempre es fácil y no hay una fórmula que se aplique a todos. Toma la importante decisión de liberar tus emociones negativas.

Obtendrás beneficios al reducir tu desorden físico y perdonar a las personas contra las que tienes resentimientos. Te sentirás más cómodo en tu entorno físico. Tu salud mejorará. Sentirás menos estrés. Encontrarás nuevas oportunidades. Tu vida entera se abrirá de maneras que nunca imaginaste.

44

La clave para tu seguridad

"Tu futuro depende de muchas cosas,
pero principalmente de ti".
Frank Tyger

En estos días se habla mucho de la ausencia de seguridad en el lugar de trabajo, en especial en la América corporativa. Hechos como las reducciones de personal, reestructuraciones, fusiones y adquisiciones, tienen a muchos empleados preguntándose si el trabajo que tienen hoy estará ahí mañana. En algunas partes, esta incertidumbre ha conllevado a una baja moral y poca disposición por parte de algunos empleados a dar lo mejor de sí. Después de todo, piensan ellos, "si probablemente me tengo que ir pronto o si mi trabajo cambia radicalmente, ¿por qué darle el 100% a esta organización?".

Pero, aunque es cierto que la época de trabajar por 30 años para una empresa, recibir un reloj de oro y un paquete de retiro seguro ya se ha ido, la persona que más sufre cuando no das lo mejor de ti eres ¡TÚ!

¿Por qué? Para comenzar, la excelencia es un hábito que no se enciende y apaga como una lámpara. Somos criaturas de hábitos y estamos, o comprometidos a hacer el mejor trabajo posible, o nos condicionamos a emplear menos de lo mejor de nosotros. Cualquiera que sea el método que asumamos, no será fácil cambiar. No cometas el error de pensar que hoy puedes retener tus talentos y entusiasmo y luego dar lo mejor mañana.

Para ilustrar esto piensa en uno de tus hábitos diarios: qué tan limpia conservas tu habitación. Si eres el tipo de persona que tira las camisas y los pantalones sobre una silla (o el piso), ¿qué tan difícil sería para ti cambiar ese hábito y doblar toda tu ropa y ponerla organizada en un armario o cajón? Apuesto que el nuevo patrón te parecería casi imposible de seguir. En uno o dos días, probablemente te quitarás las medias y las tirarás sobre la silla, ¡igual que antes! Lo mismo sucede con la manera como abordas tu trabajo. Te comprometes a hacer una labor excelente o desarrollas el patrón de hacer apenas lo suficiente para avanzar.

Es por eso que si estás buscando seguridad laboral, lo haces en el lugar equivocado. *No hay* seguridad laboral. La seguridad está dentro de ti. La clave para desarrollar tu seguridad es siendo excelente en lo que haces y mejorando constantemente tus habilidades. Añádele a eso una actitud muy positiva y la habilidad de trabajar bien con los demás, y *voilà*, ¡ahí tienes tu seguridad laboral!

Los demás notan cuando empleas el 100% de tus esfuerzos. Probablemente no seas recompensado de inmediato pero estás creando una reputación que te servirá bien en tu trabajo actual y en cualquier otro sitio donde trabajes en el futuro.

La conclusión es: dar menos que tu mejor esfuerzo en tu cargo actual sólo te perjudica a ti.

Así que, si quieres lograr una verdadera seguridad, hazte las siguientes preguntas:

- ¿Diariamente doy lo mejor de mí con entusiasmo en mi trabajo?

- ¿Coopero con los demás y apoyo sus esfuerzos?

- ¿Mantengo una actitud positiva?

- ¿Estoy aprendiendo a ser mejor en lo que hago?

- ¿Estoy desarrollando habilidades que en el futuro serán importantes en mi campo?

Responde estas preguntas y reevalúate con frecuencia. Cuando finalmente logres responder con un sonoro "SÍ", tendrás el tipo de seguridad laboral que nadie podrá quitarte jamás.

45

Busca un "tiempo de reflexión"

*"Si no cambias de dirección,
es posible que llegues a donde te diriges".*

Lao Tzu

En un juego de baloncesto, cuando las cosas van mal y al entrenador no le gusta la manera como se está desempeñando su equipo, les dice a sus jugadores que pidan "tiempo fuera". En este punto, el juego se detiene por unos minutos mientras que el entrenador se acurruca con el equipo para hablar de los ajustes necesarios para que los jugadores retomen el camino y se desempeñen de manera más efectiva. Desde luego, durante el tiempo fuera, el entrenador también resalta lo que los jugadores están haciendo *bien*, lo cual les ayuda a reforzar su comportamiento positivo.

Esta es la pregunta: ¿Con qué frecuencia haces un pare para buscar un "tiempo de reflexión" en *tu* vida con el fin de evaluar lo que está funcionando y terminar con lo que no? Probablemente no con la suficiente frecuencia. Desafortunadamente nuestra tendencia es quedarnos atrincherados en hábitos que no nos conducen hacia nuestras metas. Pero la vida constantemente nos da retroalimentación. Y de ti depende crear consciencia de esas valiosas pistas para aprender de los resultados que estás obteniendo y hacer los cambios que sean necesarios.

Obstáculos comunes

A continuación menciono unos obstáculos que nos impiden alcanzar el éxito deseado. *Cuando tengas tu tiempo de reflexión, trata de encontrar si:*

1. **Te falta claridad en lo que deseas.** Tu mente es una máquina que busca metas y reacciona mejor ante objetivos e imágenes *específicos.* Los deseos vagos respecto a tener un "trabajo más gratificante" o ganar "más dinero" no son efectivos. Deberías visualizar el resultado final de lo que deseas lograr.

2. **Estás tratando de lograr demasiado de una sola vez.** Otro extremo es tener *demasiadas* metas. Si tratas de abordar cinco proyectos importantes al mismo tiempo, probablemente no tendrás éxito en ninguno de ellos. Al extenderte, dispersas tu energía y reduces tu capacidad. Concéntrate en una meta grande a la vez; la concentración como la de un rayo láser es un elemento necesario para el éxito.

3. **No estás haciendo lo suficiente.** Los logros más significativos requieren un esfuerzo considerable. No te quedes sentado esperando que el éxito te alcance.

4. **Estás insistiendo obstinadamente en una estrategia fallida.** Asumamos que estás tratando de comercializar tu producto o servicio y has implementado el Plan A. Después de tres meses dicho plan está arrojando resultados muy desalentadores, sin señales de mejorar. Examina por qué el Plan A no está funcionando y desarrolla uno *nuevo.* Esto suena obvio pero muchas personas insisten en estrategias no exitosas.

5. **No estás aprovechando el conocimiento de personas calificadas.** Aunque el método de "prueba y error" a veces funciona, vas a desperdiciar mucho tiempo y recursos en ese proceso. En lugar de eso, puedes retomar el camino rápidamente si buscas ayuda o consejo de alguien que haya logrado lo que tú quieres alcanzar. Recuerda preguntarle a personas *calificadas*, no a un amigo o familiar que sabe poco o nada en cuanto a la solución de tu problema en particular.

6. **Unas creencias limitadas te están obstruyendo.** Si te dominan los pensamientos negativos, no vas a producir resultados positivos de manera consistente. ¿Quién controla lo que piensas? Tú. Desarrolla la mentalidad de ser *¡imparable!*

7. **No tienes aportes positivos.** Para conservar tus creencias positivas necesitas constantes refuerzos positivos. Lee literatura inspiradora, escucha audios motivacionales y rodéate de personas entusiastas y optimistas. Ese es el entorno en el que te mantienes positivo y te desempeñas al máximo.

8. **Te estás rehusando a confrontar el problema.** Has esperado cinco años y el problema no se ha resuelto por sí mismo. ¿Vas a esperar otros cinco años, esperando que las cosas resulten diferentes? *Nada cambia a menos que tú cambies.* Es probable que tengas que enfrentar directamente tu situación, así esta elección te genere algún dolor o dificultad temporal. Tu otra opción: no hacer nada y seguir viviendo con tu problema.

9. **Estás tratando de saltar peldaños.** En nuestra emoción por alcanzar metas audaces a veces nos engañamos creyendo que no tendremos que subir progresivamente la escalera del éxito. En lugar de eso, pensamos que podemos alcanzar nuevas alturas de inmediato. Pero cuando esto no sucede nos desanimamos. Debes recordar que, como suele decir Zig Ziglar: "El elevador del éxito está averiado. Tienes que usar las escaleras". Así que sé paciente y fija metas intermedias que sean realistas. Después de todo, *el éxito se alcanza un paso a la vez.*

No tiene sentido avanzar haciendo las mismas cosas y esperando que los resultados cambien. Vive cada circunstancia *conscientemente.* Examina qué está funcionando y qué no. Luego haz los ajustes necesarios.

Aquí tienes una idea: por qué no apartar un tiempo para reflexionar *ahora mismo,* ¡luego vuelve a la cancha con nuevas estrategias poderosas para alcanzar tus metas!

46

Hagamos de la amabilidad una actitud más frecuente

"Si un hombre es amable y cortés con los extraños,
muestra que es un ciudadano del mundo y que su
corazón no es una isla separada de otras tierras,
sino un continente que se une a ellas".

Francis Bacon

Amabilidad. Cada año veo menos y menos de este precioso recurso. Todavía no está en la lista de especies en peligro de extinción, pero *me* preocupa. Temo que la "cortesía diaria" sencillamente no es tan diaria actualmente. A medida que nos convertimos en una sociedad más compleja y más rápida, la cortesía y la consideración por los demás parecen menos predominantes. Y a veces todos somos culpables de eso.

Pero enfrentémoslo. ¿Acaso no prefieres hacer negocios con quienes son amables y considerados? A continuación hay unas sugerencias puntuales para ser cortés y desarrollar relaciones de negocios más efectivas:

1. **Llama cuando vayas a llegar tarde.** Todos estamos ocupados. Tenemos horarios más apretados. Se nos presentan retrasos

inesperados debido al tráfico o a un vuelo demorado. Pero sencillamente no hay excusa para no hacerle saber a los demás que llegarás tarde a una cita. Y entre más puedas informar, mejor. De esa manera la persona que espera organiza su horario y hace algunas tareas productivas para ocupar el tiempo antes de la reunión. El tiempo es un bien precioso. Así que, respeta el tiempo de los demás y ellos te respetarán más a ti. Después de todo, ¿cómo *te* sientes cuando haces una cita a las 3:00 y la otra persona te llega a las 3:45?

2. **Cuando solicites propuestas o materiales, asegúrate de responder.** A diario todos recibimos mucho "correo basura". Definitivamente **no** estoy sugiriendo que respondas a esas solicitudes que no has pedido. Pero ¿qué de esos casos en los que TÚ iniciaste el contacto con otras empresas o personas solicitando propuestas o catálogos? A mi modo de ver, la cortesía común dice que debes confirmarles que los recibiste y hacerles saber a las partes participantes que no han sido seleccionadas. (Seguro, puedes sentirte mal "rechazando" a alguien. Pero es mucho peor crear una expectativa infundada. Un "gracias pero no gracias" o incluso un sencillo "no", son mejor que el silencio, sencillamente porque permites que la otra parte proceda con tareas más importantes).

Nuevamente, ¿cómo te sientes cuando te piden que envíes muestras de tu producto y nunca vuelves a saber del cliente potencial? Sientes que la otra parte, por lo menos te debe una respuesta, así sea una carta, una llamada o un correo electrónico, ¿cierto?

Lo mismo sucede cuando le pides a alguien que se postule para un cargo en tu empresa. Quienes no son elegidos tienen el derecho de saberlo. Esperas que quienes se postulen investiguen acerca de tu empresa y entreguen materiales cuidadosamente preparados. En algunos casos, inclusive han asistido a entrevistas. Muestra la misma cortesía y hazles saber que ya has tomado una decisión.

3. **"Tómalo con calma" cuando estés rechazando o criticando a alguien.** ¿Nos estamos convirtiendo en una sociedad más dura, al estilo "en tu cara"? Me parece que sí y no es nada bueno. Estoy completamente a favor de ser honesto, pero hay un argumento

sólido para "suavizar" las afirmaciones críticas. Por ejemplo, ¿qué dices cuando alguien en el trabajo compra un nuevo traje y te pregunta cómo se ve, (y piensas que es horrible)? ¿Dirías: "Ese es el traje más feo que he visto en años"? La respuesta cortes tiene en cuenta los sentimientos de la otra persona. Intenta algo como: "Definitivamente es diferente" o "único".

No estoy pidiéndote que "le lleves la idea a los demás" o que los confundas respecto a cuál es tu posición. Sin embargo, la mayoría de personas es muy sensible cuando se trata de críticas o rechazo, motivo por el cual no tiene propósito ser tan directo o "veraz" al punto de aplastar a los demás.

Este es otro ejemplo. Digamos que una universidad recibe una solicitud por parte de alguien que evidentemente no cumple con los estándares de admisión. ¿Cuál de estas cartas crees que se le debería enviar al rechazar la solicitud?

A. "Desafortunadamente debemos informarle que no podemos ofrecerle un cupo en esta oportunidad. Recibimos solicitudes de muchas personas y no podemos aceptarlos a todos. Le deseamos muchos éxitos en sus futuros emprendimientos".

B. "Comparada con las otras solicitudes que recibimos, la suya fue todo un chiste. ¿En qué estaba pensando al aplicar aquí? La respuesta es NO".

Ahora, la segunda carta probablemente exprese más acertadamente los sentimientos de la universidad respecto al aspirante. Pero, a mi modo de ver, es demasiado cruel. En cuanto a la primera carta, tampoco me agradaría recibirla (¡y recibí muchas de esas!), pero ese rechazo *tiene* cierta cortesía.

La cortesía es más que sólo ser agradable. Es un buen negocio. Además, la cortesía hace que el mundo sea un poquito más placentero. Así que, muéstrale a cada ser humano el respeto que se merece. Recuerda que aquello que envías es lo que vuelve a ti. ¡Esforcémonos todos por hacer que la amabilidad sea un poquito más frecuente!

47

Acepta el cambio y entiende tu grandeza

*"No se descubren nuevas tierras sin estar dispuesto
a perder de vista la costa por largo tiempo".*

Andre Gide

C-A-M-B-I-O. Con sólo mencionar la palabra a muchos les empiezan a sudar las manos y a latir rápido el corazón. Desde muy temprano en la vida aprendemos que hay que evitar el cambio y que deberíamos quedarnos en nuestra *zona de comodidad*, esa área del comportamiento en donde nos sentimos seguros y tranquilos. "Intentar algo nuevo" con frecuencia es visto con ansiedad o incluso terror. Por lo tanto, con frecuencia nos quedamos con rutinas familiares pero insatisfactorias y optamos por un "infierno conocido" con tal de no aventurarnos a entrar en territorios inexplorados.

Entonces, ¿exactamente a qué le tememos? Probablemente a fracasar si tomamos una dirección nueva o a que los demás se burlen de nosotros o no aprueben nuestras acciones. Pero es posible superar esos temores así sean inmensos.

He tenido experiencias de primera mano tratando con grandes cambios. De hecho, no estarías leyendo estas palabras si yo no hubiera tomado la decisión de dejar mi ejercicio como abogado (después de 10 años) para convertirme en orador y escritor motivacional. Ese fue todo un salto para mí, y aún más difícil porque toda mi vida me había resistido al cambio (así fuera algo pequeño). Hubo riesgos y la transición no fue fácil. Pero al aceptarlo se ha abierto un mundo nuevo delante de mí, una carrera que me encanta, mucho más gozo y satisfacción en mi vida.

Entonces, ¿estoy diciendo que debes embarcarte en un cambio de estas dimensiones en tu vida? No necesariamente. Solamente *tú* tienes *tus* respuestas. No es esencial que hagas grandes transiciones de inmediato. Lo crucial es que estés dispuesto a recorrer nuevos caminos pues de lo contrario nunca tendrás la oportunidad de reconocer todo tu potencial.

Creo que la mayoría de ustedes ya sabe qué cambios serían útiles para su éxito y plenitud. Sólo que titubean para hacer esos cambios. De nuevo, es natural sentirse así pero creo firmemente que tendrán los siguientes resultados positivos si acceden a aceptar el cambio en su vida:

- Confianza
- Honra propia
- Adaptabilidad
- Novedad
- Progreso
- Estima

Aunque estos aspectos positivos están interrelacionados, examinémoslos individualmente:

Confianza. Cuando te confinas a unas pocas áreas limitadas, te estás diciendo: "No puedo con nada más allá de esto". Naturalmente, tu nivel de confianza permanece bajo. Por otro lado, cuando buscas el cambio de manera activa, ves que eres capaz de hacer mucho más de lo que pensaste. No, de la noche a la mañana no te vas a volver dinámico. Pero a medida que te extiendes de manera exitosa hacia muchas otras áreas, comienzas a decirte: "Si puedo con estos nuevos retos, seguramente también puedo hacer_____".

No puedes ganar confianza al sentarte en los extremos como un espectador. Conviértete en un participante activo, aceptando tus retos y tu confianza aumentará.

Honra propia. El cambio te invita a descubrir quién eres y a expresar los talentos especiales que sólo *tú* trajiste a esta Tierra. Tu verdadero poder está en ser leal a ti mismo y en decir "sí" a los retos únicos que la vida te presente. Desafortunadamente, la mayoría de personas escucha aquella voz falsa y autolimitante que les advierte: "Quédate quieto. El cambio es arriesgado y puedes fracasar". Ese mensaje no es el "verdadero" tú.

Hay otra voz en tu interior que te informa de las posibilidades y te invita a avanzar. Cuando escuchas *esa* voz, te sintonizas con tu grandeza. Constantemente eres animado a hacer los cambios que te traerán felicidad y plenitud. Resístete a esos cambios y estarás negando profundas y poderosas fuerzas en tu interior que están buscando expresarse. Como psicólogo, Abraham Maslow dijo: "Si deliberadamente planeas ser menos de lo que puedes ser, te advierto que serás tremendamente infeliz".

Sé leal contigo mismo y sigue esa voz que te anima a seguir los deseos de tu corazón.

Adaptabilidad. Te guste o no, en algún momento te encontrarás con el cambio. De manera inesperada y sorprendente, la vida te presentará el cambio. Si hasta ahora has estado eludiéndolo, no vas a estar listo para manejarlo de manera constructiva. Pero la persona que ha hecho del cambio un hábito, está mejor equipada para tratar con las turbulencias que la vida trae inevitablemente. Esa persona ha superado las tormentas en el pasado y sabe que tiene los recursos internos para volver a hacerlo.

Al enfrentar el cambio de forma directa, aprendes a ser flexible y a hacer ajustes. Al navegar con éxito en medio del cambio, también comienzas a verlo como algo útil que te ayuda de manera positiva, ganando entendimiento sobre el principio de Napoleon Hill que dice: "En cada adversidad está la semilla de un beneficio equivalente o mayor".

Novedad. Gran parte de la diversión y emociones en la vida vienen de experimentar cosas nuevas. La vida es muy aburrida y pálida cuando te aferras a viejos y desgastados patrones. Asumamos que has almorzado lo mismo durante cuatro días seguidos. Al quinto día te sientas y ahí está de nuevo. Es muy probable que no te emociones mucho. Probablemente sea hora de sacudir tu vida y traer de vuelta algo del ánimo que alguna vez tuviste.

Cuando te aventures a nuevas áreas y enfrentes retos nuevos te sentirás vivo y "encendido". Las rutinas se vuelven aburridoras, el cambio te rejuvenece.

Progreso. No progresarás a menos que aceptes el cambio, ya sea personal o profesionalmente. ¿Cómo esperas aprender y crecer si sigues protegido dentro de tu concha? Desarrollas tu potencial cuando te retas constantemente y expandes tu zona de comodidad. No vas a llegar a ninguna parte con sólo *pensar* en lo que lograrías. Nunca conocerás los alcances de tus habilidades hasta que tú mismo te pongas a prueba. ¿Tienes miedo? Yo también lo tuve. Pero aprendí que retroceder ante el cambio es un método perdedor que nunca llegará a tener un final feliz. Así que actúa. Fuiste hecho para aprender, crecer y desarrollar tus talentos especiales. Sí, habrá algunos sobresaltos en el camino pero no lamentarás la decisión de extender tus horizontes. Con el tiempo verás que el cambio y el crecimiento son divertidos, emocionantes y gratificantes. ¡De hecho comenzarás a esperar el siguiente cambio!

Estima. La alta autoestima es esencial para una vida exitosa y gratificante, y sin duda tus sentimientos de valor propio aumentan cuando enfrentas los cambios. Por el contrario, cuando te resistes a ellos, bajas tu autoestima y saboteas tu éxito. Te desanimas y te sientes incapaz.

Aceptar el cambio te hace sentir bien contigo mismo porque estás avanzando ante tus temores. No importa qué resultados logres de inmediato; lo importante es que estás en el juego como un participante activo. Tu autoestima seguirá creciendo con cada nueva aventura.

Bueno, entonces, con estos maravillosos beneficios aguardando, ¿por qué no todo el mundo acepta el cambio? En una palabra: MIE-

DO. La mayoría de personas sencillamente está demasiado aterrada ante lo desconocido. Además, el proceso de cambio con frecuencia es demasiado turbulento y lleno de frustración y adversidades. Pero ese es el precio que debes estar dispuesto a pagar. La vida premia a quienes están dispuestos a incomodarse y seguir adelante con una extraordinaria fe y persistencia implacable.

Ahora, no es necesario asumir muchos riesgos al comienzo. Da pequeños pasos y desarrolla gradualmente tus músculos de cambio, donde sea posible. Pero hazlo. ¿Sabes? He conocido muchas personas insatisfechas que a todo costo se resistieron al cambio y ahora se lamentan, pero nunca he conocido a una sola persona que haya elegido el camino del crecimiento y el cambio y que luego haya deseado no haberlo recorrido.

Depende de ti.

48

Cómo saber si tienes una gran idea

"Las nuevas ideas pasan por tres etapas:
1) No puede hacerse. 2) Probablemente pueda
hacerse, pero no vale la pena. 3) ¡Desde el principio
supe que era una buena idea!".

Arthur C. Clarke

Si eres como yo, todo el tiempo te vienen ideas a la mente. En tu empresa a lo mejor estés pensado en maneras de aumentar la eficiencia, desarrollar nuevos productos o servir mejor a tus clientes.

Claro, la parte difícil es encontrar qué ideas se deben desarrollar. Aunque no es una ciencia exacta, hay algunas señales para identificar las grandes ideas. A continuación hay una lista de verificación para ayudarte la próxima vez que te estés preguntando si vale la pena seguir con ellas:

1. **Tu idea no te dejará tranquilo.** Las grandes ideas te emocionan y consumen. Sencillamente no logras sacártelas de la mente. Con frecuencia estás pensando en esa nueva idea y en cómo implementarla. Sigues pensando en lo mismo antes de acostarte y cuando te levantas. Esta es la primera señal de que una idea es prometedora.

2. **Quieres hablar de eso con todo el mundo.** Tu idea te entusiasma tanto que quieres discutirla con tus compañeros de trabajo, amigos y familiares. No estoy diciendo que todas las ideas deben discutirse abiertamente de inmediato. Hay momentos en los que las ideas deben ser confidenciales. Sólo tú puedes tomar esa decisión. La clave es que *quieras* compartirla con el mundo.

3. **Algunas personas rechazarán de inmediato tu idea.** Es inevitable. Vas a compartirla con algunas personas y ellas la rechazarán de inmediato. Escucharás cosas como, "nunca funcionará", "ya se ha intentado antes". Ésa es la manera como la vida prueba tu resolución. No te desanimes. También encontrarás personas que te den valiosas sugerencias que utilizarás en el proceso de implementarla. Recibe esos comentarios.

4. **La idea es perfecta para tus talentos.** Las ideas son particularmente poderosas y con muchas probabilidades de ser implementadas exitosamente cuando se valen de tus capacidades individuales. Es la manera como la vida te comunica que esa idea es especial para ti. Pero no uses esto como excusa para retroceder ante proyectos en los que es necesario que desarrolles nuevas habilidades. Una gran idea muy seguramente te hará estirar un poco, mientras desarrollas tus fortalezas.

5. **La idea es original.** Sabes que tienes una buena idea cuando es algo que nadie más ha intentado antes. La originalidad no quiere decir inventar algo completamente nuevo. Puede ser un concepto ya existente pero modificado por lo menos en un 5%. Por ejemplo, puedes estar escribiendo un libro de desarrollo personal pero presentas los conceptos de una manera que no se ha hecho antes. Es así como docenas de "imitadores" han tratado de adherirse al gran éxito de los libros de *Sopa de Pollo Para el Alma*. La idea, (una colección de historias inspiradoras) no era original y los imitadores tuvieron poco éxito.

6. **Te encuentras con recursos que te ayudan a implementar la idea.** Cuando tienes una buena idea y una firme intención de hacerla realidad, ¡aquello que buscas comienza a buscarte a ti! En otras palabras, comienzas a encontrar los artículos que te

192   **Jeff Keller:** Principios inquebrantables del éxito

serán útiles. De repente "tropiezas" con personas que te pueden dar orientación. Eso no es una coincidencia. El Universo te está animando a continuar.

7. **Ves grandes posibilidades.** He descubierto que las grandes ideas son las que tienen gran potencial de crecimiento. Desde luego, nada garantiza que tu idea dé resultados. Pero cuando puedes visualizar un resultado fenomenal y lo sientes, entonces generalmente tienes una idea que vale la pena seguir. Cuando estés emocionado y veas muy buenas posibilidades, tendrás la persistencia para superar los retos que surjan en el camino. Y otros también se contagiarán de la emoción de tu intrépida visión.

No te equivoques con esto. Hay una gran diferencia entre tener una idea valiosa e implementar esa idea. Muchos tienen grandes ideas pero no actúan. Cuando tengas una idea que concuerda con los criterios presentados anteriormente, actúa de inmediato. No tienes que precipitarte y meterte de cabeza sin prepararte. Pero es esencial que no pospongas esa idea. Conserva la emoción y el impulso al dar pasos proactivos de inmediato. Tu siguiente gran idea sencillamente te puede cambiar la vida, ¡y al mundo!

49

Tienes más control del que crees

"La mente es el límite. Mientras tu mente
te muestre que puedes hacerlo, puedes hacerlo,
si realmente crees 100%".
Arnold Schwarzenegger

Llegué al consultorio médico a las 7:30 a.m. para un examen de rutina y me invitaron a tomar asiento en el área de espera. Como cinco minutos después, la asistente del médico, una joven que parecía estar en sus veinte años, me llamó y me pidió que la acompañara al consultorio.

Al entrar, me sonrió y dijo: "Buenos días, ¿cómo está hoy?". Yo respondí: "Excelente" y luego pregunté: "¿Y usted?". Ella respondió: *"Hasta ahora bien, pero todavía es temprano"*. Estoy seguro que sabes exactamente a qué se refería ella. Todavía no había sucedido algo que le arruinara el día. Pero estaba dejando abierta la posibilidad para que algo negativo sucediera y cambiara su estado de ánimo.

No voy a criticar a esa mujer. Cuando tenía su edad mi actitud era mucho peor que la de ella. Es más, pensaba exactamente igual que ella, que el desarrollo de los acontecimientos o las personas que se cruzaban por mi camino durante el día, determinaban mi actitud.

Afortunadamente, 20 años atrás comencé a entender que había estado equivocado. En lugar de ser *reactivo*, decidí ser *proactivo*. Tomé el control de mi propia actitud al leer y escuchar aportes positivos todos los días. Lentamente, pero a paso firme, fui dejando mis reacciones, reflejos de negativismo o frustraciones, cuando las cosas no salían como yo quería. En lugar de eso, empecé a manejar mi actitud positivamente, sin importar las condiciones externas. Aunque no estaba exento de las decepciones, ahora tenía la habilidad para tratarlas de manera más constructiva.

Para mí lo que terminó de concretar la idea fue esto: vi que muchas personas tenían un día maravilloso aunque sabía que estaban enfrentando retos. Por ejemplo, vi gente en silla de ruedas que sonreía y estaba feliz mientras que otros con buena salud y total movilidad se sentían miserables. También había quienes eran felices aunque tenían poco dinero y eran afortunados sólo por tener un techo sobre su cabeza y suficiente alimento para comer, pero otros que tenían riquezas considerables y una casa hermosa, eran infelices porque no podían comprar una casa más grande.

Si piensas con detenimiento, inevitablemente concluirás que todos tenemos la capacidad de elegir entre tener un gran día, un mal día, o una combinación de los dos. Sin duda la felicidad es una elección. Es algo que cada persona puede controlar, aunque solamente un pequeño porcentaje de gente en el mundo ejerce este poder de una manera que le resulte útil.

Una lección para tratar con el dolor...

La exitosa Petra Nemcova, quien es una reconocida modelo a la cual no sólo hemos visto en sus desfiles de modas sino que también ha modelado para la portada de la revista *Sports Illustrated*, hace algún tiempo apareció en un programa de televisión promoviendo su libro *Love Always, Petra* (Warner Books 2005). Allí cuenta cómo el 26 de diciembre de 2004 ella se encontraba de vacaciones con su novio en Tailandia. Estaban en un bungaló cuando el devastador tsunami llegó. Los dos fueron lanzados con fuerza a las olas; su novio fue arrastrado y murió. Durante 8 horas Petra se aferró a una palmera teniendo fracturada la pelvis hasta que fue rescatada.

Estando en el hospital en Tailandia, Petra sufrió terribles dolores. Pero cuando le dijo al médico cuánto dolor sentía, él le explicó que en su mente ella estaba "calificando" su dolor en "10", en una escala de 1 a 10. Entonces le sugirió que sencillamente decidiera que el dolor sería de 4 en la misma escala de 10 en términos de intensidad. También le dijo que tratara de concentrarse en imágenes más positivas y alejara gran parte del dolor. Petra siguió el consejo del médico. Dejó de valorar el dolor en "10" y se concentró en cosas positivas. Dijo que el dolor fue considerablemente menor después de haber seguido ese método. En resumen, Petra aprendió que tenía un gran control sobre el dolor. El alivio no vino de una píldora ni de una inyección, sino de la manera como ella usaba su mente.

Esto seguramente suena loco para algunos de ustedes. ¿Realmente tienes la capacidad para controlar la cantidad de dolor que sientes? Bueno, considera esto: ¿cómo logran ciertos atletas jugar con huesos rotos y otras heridas serias, mientras algunos de nosotros diríamos que no somos capaces de movernos debido a un golpe en un dedo del pie? Estos atletas se han entrenado para jugar en medio del dolor o ignorarlo completamente. Ellos se dan diferentes mensajes. Mientras que la mayoría de nosotros diría "estoy herido y no puedo jugar", el atleta usualmente dice "tengo que salir y ayudar a mi equipo a ganar". La diferencia en estas respuestas no se explica solamente con base en la Genética. También se encuentra en la manera como nos entrenamos para usar nuestra mente y en qué decidimos concentrarnos.

TOMANDO EL CONTROL

Cuando te concientizas del poder de tu mente, has dado el primer paso para mejorar tu calidad de vida. Luego debes desarrollar hábitos que refuercen una perspectiva y sentimientos optimistas. A continuación te presento unas técnicas que han funcionado para millones de personas y también funcionarán para ti:

1. **Satura tu mente con lo positivo.** La mayoría de personas saturan su mente con lo negativo (viendo programas de televisión de chismes, relacionándose con amigos pesimistas, etc.) y luego se preguntan por qué siempre están atemorizadas y sintiéndose

indefensas. Lee libros con contenido positivo todos los días, en especial cuando te levantas. Varias veces a la semana o mientras te ejercitas, escucha programas de audio que sean positivos. Asegúrate de pasar tiempo con personas optimistas y que te estimulen. A lo mejor sea necesario que hagas cambios importantes en tu rutina, pero eso es lo que debes hacer para disciplinar tu mente en una dirección positiva.

2. **Pon la gratitud en primer plano.** Conserva una actitud y sentimientos positivos al concentrarte todos los días en las bendiciones de tu vida. Todo el mundo expresa su gratitud con palabras, pero es raro encontrar a alguien que lo haga con hechos y lo convierta en una prioridad diaria. Cuando enfrentas un reto, la gratitud debería venir a tu mente y permitirte entender lo bien que estás. Sin importar qué estés enfrentando, apuesto que hay muchas personas que gustosamente cambiarían contigo de lugar.

3. **Calma la mente.** En la sociedad de hoy todo es rápido, rápido, rápido, vamos, vamos, vamos. Te tensionas cuando quedas atrapado en ese frenesí. Tu mente tiende a competir con los escenarios e imágenes desagradables. La solución es traer a tu mente al presente, un sitio que casi nadie visita. Aprende a tranquilizarte con disciplinas como la meditación, el Yoga, el Tai chi y las Artes Marciales. Cuando tu mente está tranquila, te sientes optimista y tranquilo. Te estás reconectando con tu espíritu. No cometas el error de pensar que esas disciplinas no son prácticas. Te ayudarán en tu empresa y en tus relaciones. La observación de Blaise Pascal es muy acertada: "Las miserias de todos los hombres provienen de no poder sentarse solos en una habitación en completo silencio".

Tú eres quien decide cuál combinación de estas estrategias funcionará para ti y cuánto tiempo vas a dedicarle a cada práctica. Es cuestión de preferencia personal. Haz lo que te funcione.

Por favor entiende que no estoy sugiriendo que las personas con quienes te encuentras en tu camino o las condiciones que enfrentas no te deben afectar. Claro, la vida es más fácil cuando los demás son cooperadores y cuando tienes dinero en el banco. Pero la vida no siempre es color de rosa. Aunque no puedes controlar todas las circunstancias de tu vida, sí puedes controlar tu *reacción* a cualquier reto que surja. Al final, tu perspectiva es algo que *tú* decides.

Cuando hayas disciplinado tu mente para que sea positiva, verás que eres más feliz, tienes mejor salud y estás bien equipado para enfrentar lo que suceda a tu alrededor.

50

Antes de avanzar,
está bien retroceder

*"Es duro el camino que conduce
a las alturas de la grandeza".*

Séneca

Cuando se trata de éxito y motivación, se habla mucho de estar moviéndose constantemente hacia nuestras metas. Pero, como la mayoría de nosotros ha aprendido, el recorrido no siempre es "a toda velocidad", sino un camino en el que con frecuencia damos pasos hacia atrás antes de retomar el impulso.

Cuando pienso en personas que retrocedieron algunos pasos antes de avanzar, el ex jugador de baloncesto, Bob Love de inmediato llega a mi mente. Entre los años 1960 y 1970, Bob jugó para los Chicago Bulls y fue uno de los mayores anotadores de la liga, con un promedio de 20 puntos por juego. Era una superestrella. Pero en ese entonces los jugadores no ganaban los grandes salarios que hoy ganan las estrellas del deporte. Así que después de retirarse del baloncesto tuvo que buscar un empleo. Pero tuvo muchos problemas.

Verás, Bob Love no podía hablar sin tartamudear. Después de años realizando trabajos ocasionales fue contratado para lavar platos y conducir un autobús en la tienda por departamentos Nordstrom's, donde le pagaban $4,45 dólares la hora. ¿Puedes imaginarte a una superestrella de baloncesto de hoy aceptando un empleo lavando platos?

Bob hacía su labor con una dedicación y compromiso poco comunes, trabajó seis meses seguidos sin descansar un sólo día. Su diligencia excepcional llamó la atención del propietario de Nordstrom's, quien pagó para que Bob recibiera terapia de lenguaje. Poco después, volvió a los Chicago Bulls y asumió el cargo de Director de Relaciones con la comunidad. Hoy, Bob Love es uno de los mejores oradores motivacionales del mundo, ¡inspira a los demás para que superen sus adversidades y sigan sus sueños!

Es difícil imaginar a alguien dar más pasos hacia atrás que Bob Love. Pero, al dar reversa, tomó el impulso para alcanzar un éxito fenomenal.

No creas que este principio solamente se aplica para atletas y celebridades. Hace unos años, tuve una conversación con mi buen amigo Dave, quien vive y trabaja en el Medio Oeste. Dave es un gran vendedor y durante 10 años fue un exitoso administrador de un club de salud en el área de Chicago. Hace aproximadamente un año, Dave decidió hacer algunos cambios y se mudó a un pueblo más pequeño en Illinois para "volver a empezar" y equilibrar su vida.

Un día, poco después de mudarse, Dave se encontraba en la fila de un Dunkin' Donuts esperando para comprar un café. En ese momento él no tenía empleo. Entabló conversación con una mujer que también estaba esperando y Dave mencionó que recientemente se había mudado al área. La mujer le dijo que ella era propietaria de un restaurante y club nocturno cercano y le ofreció un empleo recibiendo tiquetes y verificando identificaciones al ingreso. Recuerda, Dave era un Gerente de Ventas con muy buen sueldo y muy exitoso. Fácilmente pudo haber considerado ese empleo como algo "por debajo" de lo que él quería hacer.

Pero Dave sabía que las oportunidades a menudo se presentan de maneras extrañas. Así que dijo "sí" a la oferta. Durante el primer mes de trabajo, conversando con un cliente del restaurante, Dave le mencionó la experiencia que tenía en ventas. Ese cliente trabajaba para una empresa grande y reconocida de muebles para oficina y le sugirió a Dave que se postulara para un cargo de ventas en esa empresa.

Dave se presentó y fue contratado de inmediato. Él estuvo dispuesto a retroceder un poco, lo cual le produjo excelentes resultados.

Permíteme compartir una historia final: la mía. Cuando decidí dejar la práctica de abogado para ser orador y escritor motivacional, tuve que dar unos grandes pasos hacia atrás antes de avanzar en esta nueva dirección. Parte del precio que tuve que pagar fue renunciar al dinero, al prestigio y a la seguridad de mi carrera como abogado. ¡Pero ha sido una de las mejores decisiones que jamás haya tomado!

Estas historias nos enseñan algunas valiosas lecciones:

1. **Las oportunidades están en todas partes y por lo general se encuentran en lo "cotidiano".** La oportunidad de Bob Love vino después que él tomara el trabajo lavando vajillas. Dave encontró su oportunidad en una fila en Dunkin' Donuts. Muy a menudo pensamos que las oportunidades llegarán con fanfarria y una banda marcial anunciándola. La realidad es todo lo opuesto. A menudo tus oportunidades serán sutiles y se verán muy comunes. ¡Pero no dejes que eso te engañe!

2. **Sé humilde y da todo lo que tengas.** No permitas que tu ego se interponga cuando elijas o te veas forzado a hacer una transición en tu vida. Dejamos un empleo y sentimos como si tuviéramos que tomar otro que ofrezca el mismo prestigio y el mismo (o más) dinero. Ese no siempre es el mejor movimiento. A veces el mejor movimiento es uno lateral, o unos pasos hacia abajo en la escalera. Ningún trabajo está "por debajo". Es posible sobresalir en cualquier cargo. Bob Love impresionó al propietario del almacén con su trabajo lavando vajillas. Dave sobresalió mientras revisaba identificaciones al ingreso del lugar. Yo mismo comencé a desarrollar una carrera verdaderamente gratificante sólo después de "volver a empezar" como orador motivacional.

   (NOTA: No estoy sugiriendo que si no tienes empleo deberías tomar el primer trabajo que surja. Pero es igual de tonto quedarse sentado esperando el reemplazo "ideal" para tu empleo anterior).

3. **Sigue tu pasión y haz honor a tus valores.** Tendrás una mejor oportunidad de triunfar si tu "paso" hacia atrás involucra algo que

te apasiona y que sea consistente con tus valores. En mi caso, dejé una insatisfactoria carrera como abogado para seguir un nuevo camino que me "apasionaba". Eso me impulsó hacia adelante. Dave buscó equilibrar su vida y con fe se mudó a un área más pequeña para comenzar de nuevo. La vida premia a quienes son fieles a sí mismos y a sus más profundos deseos.

Así que no te desesperes la próxima vez que enfrentes la posibilidad de dar uno o dos pasos "hacia atrás". Considera los principios que discutimos aquí. ¡Tu paso hacia atrás puede ser sólo un movimiento temporal antes que seas catapultado hacia el éxito fenomenal!

51

Permite que la adversidad te lleve a lugares más altos

"Aquello que hiere, instruye".

Benjamin Franklin

Es fácil tener una actitud positiva cuando las cosas salen como lo esperas. Pero ¿qué sucede cuando enfrentas un problema o dificultad? ¿Tu perspectiva positiva sale volando? La mayoría de personas se desanima cuando llega la adversidad, concentrándose en lo negativo. A su vez, esto conduce a más pensamientos y sentimientos negativos y a más resultados negativos.

Pero hay un camino mejor. Mira, no hay razón para permitir que tus problemas destruyan tu actitud positiva. Elije *ver tus dificultades como oportunidades, experiencias de aprendizaje y retos para crecer.*

Antes que nada quiero reconocer que algunos de ustedes probablemente hayan sufrido una tragedia o un dolor tan grande que por ningún motivo logran pensar que algo positivo surja de ese evento. Mi intensión no es forzarlos a creer otra cosa. Pero sí les pido que mantengan su mente abierta ante esta posibilidad.

Todos los eventos negativos en tu vida intentan llevarte a mayores alturas y empujarte a hacer algo mejor.

Puede ser algo tan sencillo como perder el tren y debido a ello conocer a alguien que llega a ser tu nuevo cliente.

Muchos han escuchado el principio de Napoleon Hill que dice: "Cada adversidad trae consigo la semilla para un beneficio equivalente o mayor". Es hora de pasar de un entendimiento "intelectual" de este concepto a realmente aplicarlo en tu vida. A continuación hay unas directrices para ayudarte:

1. **Vuelve a cablear tu cerebro.** ¡Este es un procedimiento que no genera dolor y no se necesitan pinzas o corta alambres! Justo ahora puedes estar "cableado" para conectar *"problema"* con *"negativo, triste y malo"*. Es hora de desconectar ese circuito. Imagina que ese cable está siendo cortado. Ahora estás eligiendo redireccionar la conexión de *"problema"* hacia un nuevo circuito que conecte con *"mejor oportunidad, crecimiento, experiencia de aprendizaje"*. Cuando establezcas esta nueva conexión, te asombrará la diferencia en tu carrera y en tu vida personal. Cuando suceda un evento aparentemente "negativo", de inmediato comenzarás a pensar, "¿qué cosa buena puedo encontrar en esto?" ¡Y encontrarás el beneficio!

2. **No niegues tus emociones.** No estoy sugiriendo que debes ahogar tus sentimientos y negar que te sientes desanimado. No se trata de reír en funerales ni cantar cuando tu mayor cliente llama para dar por terminada la relación con tu empresa. Si sientes ganas de gritar o llorar, adelante, hazlo. El punto está en cuánto tiempo decides quedarte con las emociones negativas. A la larga, los pensamientos negativos nunca te ayudan.

3. **Pídeles a otros que te den ejemplos de cómo las situaciones negativas se convirtieron en positivas.** ¡Alístate para escuchar historias asombrosas y poderosas! En mis seminarios, en muchas oportunidades he escuchado a personas decir que el haber sido despedidos fue lo mejor que jamás les pudo suceder, ya que ese hecho los condujo a una carrera más exitosa, o a comenzar sus propias empresas. También he escuchado a otros decir cómo una

devastadora enfermedad los obligó a hacer cambios importantes en su estilo de vida y reorganizar sus prioridades.

4. **Haz inventario de tus eventos "negativos".** Ahora es tu turno. En el espacio a continuación, escribe tres eventos aparentemente "negativos" que hayan sucedido en tu vida. Después de enumerarlos, identifica lo bueno que surgió de ese evento. Toma algo de tiempo con esto, así no veas nada positivo de inmediato. ¿El evento negativo condujo a algo mejor más adelante? ¿Aprendiste algo? ¿Te dio otra perspectiva o te fortaleció?

Evento negativo	Resultados positivos

Sólo piénsalo. Ya no tienes que elegir desanimarte cuando te suceda algo "negativo". En lugar de quejarte y lamentarte, busca el camino positivo que te espera más adelante. Puede que necesites tiempo para reconocer el aspecto positivo de tu situación. Pero cuando tengas fe en este principio, *encontrarás* el beneficio.

Recuerda: la adversidad es un llamado a la grandeza. No algunas veces, sino todas las veces.

52

Aprovecha al máximo tus oportunidades

"Me prepararé y algún día llegará
mi oportunidad".
Abraham Lincoln

Como muchos otros jóvenes, yo jugué en la Liga de Béisbol de Niños. Jugaba muy bien de jardinero, pero cuando se trataba de batear, para decirlo honestamente, era patético. Me daba miedo que la bola me golpeara. Así que, cuando el lanzador retrocedía para lanzar, yo tendía a alejarme de plato.

Entre los recuerdos de mi "carrera" como pequeño beisbolista, hay un día que sobresale. Era mi turno al bate, salí hacia el plato para enfrentarme con uno de los mejores lanzadores de la liga. Ese niño lanzaba duro. Bueno, él lanzó una bola rápida y yo traté de batear. ¡CRACK! Milagrosamente golpeé la bola y la mandé en línea recta entre el jardinero central y el derecho. Déjame decirte que quedé petrificado, nunca había escuchado ese sonido en mi bate. Así que comencé a correr frenéticamente por las bases, corriendo lo más rápido que podía. La bola rodó tan lejos que no había manera que el jardinero pudiera devolverla a tiempo. Sin ningún problema pude haber llegado a home gateando de base a base.

Bueno, después de llegar al plato de home, todos mis compañeros de equipo se abalanzaron sobre mí. Ellos también estaban sorprendidos por mis capacidades de bateo.

Me sentía emocionado, hasta que de reojo vi al *cátcher* del equipo rival caminar hacia nuestra banca. Tenía la bola en su mano y me tocó.

El árbitro del plato de home gritó: "¡Estás fuera! No tocaste el plato de home". Sentí la agonía de la derrota, ¡sin mencionar la vergüenza! Mi cuadrangular me había sido arrebatado. Luego, para agregar sal a la herida, el árbitro de primera base dijo: "Tampoco tocó la primera base". Ahh, bueno. Por lo menos toqué dos de cuatro bases.

¿Cómo pudo suceder eso? ¿Por qué se me había dificultado tanto correr por las bases y completar el cuadrangular? Mi problema fue que no *esperaba* golpear la bola. Así que cuando lo hice no estaba preparado.

Cuando tienes pocas expectativas, es difícil aprovechar las "oportunidades" que surgen en tu camino. Pensando en eso, a continuación hay dos sugerencias puntuales para ayudarte a aprovechar al máximo tus oportunidades:

AJUSTA TU ACTITUD

Cuando salía a batear en los juegos de ligas de niños, lo hacía con una terrible *actitud*. Todo el tiempo me decía a mí mismo: "No soy un buen bateador", "Nunca lanzaré la bola muy lejos". Así que esa se convirtió en una profecía autocumplida, rara vez le daba a la bola. Ese día, cuando lancé la bola hacia el jardín, quedé petrificado y corrí por las bases como una gallina sin cabeza. Recuerda, las bajas expectativas conducen a resultados decepcionantes.

¿Hay áreas en *tu* vida en las que te estés dando mensajes negativos justo ahora? De ser así, es importante que cambies tu actitud *de inmediato*. De lo contrario tu desempeño seguirá en un nivel bajo.

¡PREPÁRATE!

Una actitud positiva por sí sola no garantizará que puedas aprovechar al máximo tus oportunidades. El siguiente paso importante es la *preparación*.

Como yo no esperaba golpear la bola, no había estudiado la técnica de correr por las bases. (Hay una técnica adecuada, ¡tú sabes!) Si hubiera practicado el correr por las bases, habría tenido más éxito al golpear la bola.

Eso también es cierto en tu carrera. Digamos que John es un vendedor exitoso y que tiene la oportunidad de ser ascendido a gerente de distrito. ¿Qué clase de habilidades puede ser importante que desarrolle? Primero, probablemente le pedirán que hable en público en una reunión de ventas mensual o en convenciones de ventas. Si John no está listo como un orador hábil, le haría bien unirse a un grupo de oradores o conferencistas para mejorar sus habilidades de oratoria.

Seguramente John también necesite ayuda para motivar y dirigir un equipo de personal con diversas personalidades. Para desarrollar esta habilidad, puede leer libros, asistir a seminarios y buscar orientación de otros gerentes exitosos. Pero el método no importa, si John no se prepara, probablemente no pueda sacar el mayor provecho de su ascenso cuando éste se presente, y probablemente, ni siquiera logre obtenerlo.

A propósito, ¿*cuándo* debería empezar a prepararse John? ¡Lo más pronto posible! La triste verdad es que la mayoría de personas comienza a prepararse cuando es demasiado tarde. Si John aspira a ser el gerente de distrito, debería empezar a prepararse mucho antes de obtener el ascenso. De esa manera, demostrará que merece ascender en la escalera y cuando obtenga el nuevo trabajo, ¡estará listo para mostrar lo que tiene!

Todo *se reduce a esto*: cuando combinas una gran actitud con una preparación exhaustiva, ¡puedes estar seguro de batear muchos cuadrangulares!

53

Concéntrate en TU actitud

"Todos piensan en cambiar al mundo,
pero nadie piensa en cambiarse a sí mismo".

León Tolstoi

C asi siempre después hacer una presentación sobre actitud y principios motivacionales, alguien del público se me acerca y me dice que cree firmemente en la importancia de la actitud. Luego dice algo como esto: "¿Sabe quién *realmente* necesita escuchar esta charla sobre actitud? Mi hermana Emily. Es tan negativa y no puedo lograr que cambie".

Te asombraría ver con qué frecuencia sucede esto. Los nombres cambian, pero las historias son similares. Su esposo, su hijo, su buen amigo, alguien más necesita cambiar de actitud. Puedo ver y sentir su frustración mientras hablan de su familiar o amigo "negativo".

Ante eso, ayudar a que alguien sea más positivo parece un compromiso amable y considerado. Pero las primeras impresiones pueden ser engañosas. Con los años he encontrado que la persona que intenta "arreglar" la actitud de alguien, lo hace por una razón. Seguro, quiere ayudar. No lo dudo. Pero usualmente hay más en juego.

Con frecuencia, quienes tratan de influir en la actitud de otro, lo hacen porque hacerlo genera una *distracción* sobre su propio peregrinaje. En otras palabras, al dedicar tiempo y energía para cambiar la actitud de alguien más, no tendrás oportunidades para trabajar en tu propio crecimiento y actitud. Después de todo, te dices a ti mismo: "¿Cómo voy a ir tras mis sueños cuando primero tengo que cambiar a esta persona?".

Sólo cambiar tu actitud ya es suficientemente difícil

La mayoría de personas que desean mejorar su actitud no desarrolla una actitud dinámica y positiva de la noche a la mañana. Toma un poco de tiempo y mucha disciplina. Como un nuevo hábito, al comienzo no es cómodo. He visto que las tres tareas más difíciles en la vida son las siguientes:

- Cambiar la actitud de otra persona
- Cambiar tu propia actitud
- Quitar el envoltorio de celofán de un CD nuevo

Fuera de chiste, trata de tener presente que no controlas el crecimiento personal de otro ser humano. Por alguna razón pensamos que nuestra misión es enseñarles a los demás los principios de vida positiva para que sean mejor. Y sí, es cierto que si otros practicaran estos principios, serían más felices y tendrían más éxito. Pero no podemos dictar los pensamientos o acciones de alguien más. La vida de otra persona es su vida, no la tuya. Es irrelevante lo que tú harías "si estuvieras en sus zapatos". Cada persona tiene dominio sobre sus propias actitudes y acciones. Como yo lo veo, debemos respetar el derecho que cada uno tiene de pensar y actuar como le plazca.

No necesitas distracciones que hagan más difícil tu peregrinaje de desarrollo personal. Cuando estás tratando de arreglar la actitud de otra persona, estás generando obstáculos para tu éxito.

¿Por qué creas distracciones?

En este punto puedes estar pensando: "¿Por qué razón crearía yo una distracción para sabotear mi propio crecimiento personal?".

Para ponerlo en términos más simples, temes a dónde te pueda llevar tu peregrinaje de crecimiento personal. Cuando tenemos temor, con frecuencia retrocedemos para permanecer en nuestra "zona de comodidad".

Una parte de ti se emociona cuando comienzas a desarrollar una mejor actitud y a explorar tu potencial. Despiertas a nuevas posibilidades. Es a toda velocidad, o así crees. Pero, a pesar de tu optimismo inicial, una parte de ti se pregunta qué pasará con tus amistades y relaciones actuales si avanzas intrépidamente con tus planes. Especulas (por lo menos a nivel de subconsciente) que algunas personas no aceptarán tu "nuevo" yo. Surgen temores ante la posibilidad de dañar esas relaciones o incluso "perderlas". Por eso buscas algo para descarrilar tu crecimiento, una distracción o proyecto que te mantenga donde estás.

Una parte de ti también se pregunta qué sucederá si eres más feliz y exitoso. ¿Qué exigencias te hará la vida? ¿Podré con mi nuevo éxito? De nuevo, un temor a lo desconocido. Así que usualmente, ante el temor, encontramos alguna manera para alejarnos.

Por favor entiende que este artículo no se trata de rehusarte a ayudar a otros. Es muy bueno compartir un mensaje positivo, o un libro o programa de audio que creas que ayudará a alguien a tener una mejor vida. Te animo a seguir haciéndolo. Pero resulta ser un problema cuando la otra persona parece no estar abierta a tu gesto o intención, así que decides que vas a "convertir" a esa persona a una mentalidad positiva ¡sin importar lo que sea necesario! Es ahí cuando cruzas la línea y entras en algo que no será útil para ti ni para la otra persona.

UNA MEJOR ESTRATEGIA

Si te encuentras tratando de "convertir" a otra persona a un estilo de vida más positivo, primero reconoce esto: no seas defensivo en cuanto a eso y tampoco lo niegues. Sé honesto, pero también facilita las cosas.

Luego, reorienta el enfoque hacia tu propia vida. Concéntrate en los pensamientos, sentimientos y acciones que te harán avanzar. Acepta que en tu camino, a veces te asustarás y que el cambio puede ser incómodo a corto plazo. Ten el valor de confrontar esos temores y aceptarlo. Encontrarás que tienes lo que se necesita para superar esos sentimientos.

Cuando tu enfoque está en desarrollar tu propia actitud y luego la pones en movimiento, algo maravilloso y extraño sucederá. ¡Tendrás más influencia para afectar las actitudes de otros! Mira, es tu *ejemplo* positivo el que tiene más impacto sobre los demás. Sólo con tus palabras no los vas a convencer. Pero cuando practicas el ser positivo y confrontas tus temores, los otros notarán los cambios positivos en tu vida y querrán saber qué estás haciendo para ellos también poder disfrutar de los mismos beneficios.

54

Tómalo como algo personal, luego déjalo ir

"Si no tienes críticos, es probable
que no tengas éxito".
Malcolm X

Hace varios años leí el libro éxito de ventas de don Miguel
Ruiz, *The Four Agreements* (Amber-Allen Publishing,
2001). Es un libro interesante cuyo mensaje parece muy sencillo y al
mismo tiempo muy profundo. En su libro, el autor invita al lector a
adoptar un código de conducta que incluye cuatro acuerdos. En este
artículo me gustaría concentrarme en el segundo acuerdo, el cual
dice: "No lo tomes como algo personal".

Excelente consejo ¿cierto? Pero es más fácil decirlo que hacerlo.
El problema es que la mayoría de nosotros tomamos las críticas o el
rechazo como algo personal, *muy personal*. Mientras leía acerca de
no tomar las cosas personalmente, una historia vino a mi mente.

A principios de mi carrera como orador, fui contratado para hacer
una presentación de dos horas ante una organización que tenía una
conferencia en New Jersey. El público era de aproximadamente 250
personas y la mitad de ellos no quería estar ahí. Para empeorar las
cosas, yo estaba introduciendo un material nuevo a mi presentación,
material que todavía no había probado ante una audiencia tan grande.

Algunas partes de mi presentación fueron bien recibidas por el público. Pero otras no cayeron muy bien. Al final del seminario repartí hojas de evaluación para tener algo de retroalimentación respecto a mi desempeño. Algunos de los comentarios fueron muy positivos: "Excelente presentación, me hizo tener una perspectiva profunda de mí mismo", "Me encantó". Hasta ahí, todo estaba bien.

Luego estaban las otras evaluaciones. En respuesta a mi pregunta "¿Cuáles son las mejores y más útiles ideas que obtuvo de este programa? Un asistente dijo: "Ninguna". Y un caballero me dio su opinión sobre mi presentación: "Únase a Toastmasters o escuche algunos audios sobre oratoria y presentación". ¡Ay!

Ese día, al volver de New Jersey no tuve un regreso agradable y debo admitir que tomé algunos de esos comentarios de manera personal. Pero al llegar a casa pude dejarlos ir y ver las cosas más claramente.

A continuación hay algunos aspectos a tener en cuenta la próxima vez que recibas comentarios ásperos:

1. **No se trata de ti.** Las observaciones insultantes o viciadas que otros te hagan son una muestra de lo que hay en su interior. Esas afirmaciones están basadas en sus emociones, sus experiencias y sus perspectivas únicas. Tú solamente eres el objetivo de turno. Por lo general, las críticas rudas tienen su fuente en una o varias de las siguientes razones:

Ego. Algunos te criticarán para poder elevar su propio ego. Te rebajarán algunos escalones para poder sentirse superiores a ti.

Impaciencia. Las personas impacientes también son tendientes a hacer observaciones insultantes desproporcionadas ante la situación. Por ejemplo, si una persona importante siente que debes completar una tarea en 5 segundos y te tardas 10, escucharás algo como "¿eres un idiota?". Evidentemente, esto no tiene nada que ver contigo.

Influencias de la niñez. Muchos de los que te critican sin pensar en tus sentimientos, crecieron en un entorno en el que con frecuencia fueron criticados ásperamente y rechazados. Sencillamente están repitiendo un patrón.

Acepta la realidad de que en tu camino encontrarás personas de todas esas categorías.

2. **Aprende de esos comentarios.** En la mayoría de casos hay cosas por aprender de las críticas y el rechazo. Aunque los comentarios sean ásperos o exagerados, tienen algo de verdad. Por ejemplo, muchos de los formularios de evaluación que recibí en New Jersey daban muy buenas sugerencias de maneras para mejorar mi seminario. Si hubiera ignorado muchos de los comentarios que fueron ofrecidos "sin diplomacia", hubiera perdido la oportunidad de mejorar.

3. **Ríete del asunto.** Cuando te recuperes del impacto inicial de una observación crítica, ¡permítete una gran carcajada! Eso reduce la tensión y pone las cosas de nuevo en perspectiva. En los formularios de evaluación que distribuí ese día, había una parte que decía "¿Puedo citarlo?". Incluyo eso porque muchos ofrecen comentarios positivos que me gusta usar como testimonios. En respuesta a esta pregunta, el hombre que me recomendó "unirme a Toastmasters" marcó "SÍ" (refiriéndose a que yo tenía libertad para citarlo). Como puedes ver, ¡a veces, sencillamente tienes que reírte!

4. **No permitas que nadie te impida perseguir lo que quieres lograr.** Tuve un día difícil en New Jersey pero no iba a permitir que unos pocos me impidieran avanzar y desarrollar mis habilidades. La vida te pondrá a prueba para ver cuán serio eres en cuanto a buscar un camino en particular. Tarde o temprano enfrentarás la clase de comentarios que yo recibí ese día en New Jersey. Y cuando lo hagas, recuerda: *no permitas que nadie aplaste tu sueño*. Si estás haciendo lo que deseas hacer (y no estás lastimando a nadie), la única pregunta para hacerte es: ¿Hice lo mejor que pude en esta situación? Ese día en New Jersey hice la mejor presentación que pude haber hecho en ese tiempo. No puedes pedirte hacer más de lo mejor que puedes.

5. **Permanece abierto a escuchar opiniones y críticas.** Si hay algo que he aprendido con los años, es que debemos ser un poco más considerados con los sentimientos de los demás. Seguro, en oca-

siones tendremos que hacer críticas y dar nuestra opinión. Pero todos somos culpables de exagerar, ya sea con nuestra familia o nuestros compañeros de trabajo. Decimos cosas que no nos gustaría escuchar de otros. Nos impacientamos y olvidamos que nos tomó tiempo aprender las mismas cosas que esperamos que otros realicen a la perfección de inmediato.

Don Miguel Ruiz dio un excelente consejo cuando dijo que no deberíamos tomar nada como personal. Pero tengo que admitir que todavía no lo he logrado. Lo que he hecho es limitar la cantidad de tiempo que le dedico a tomar las cosas de manera personal. Lo que solía tomar como algo personal durante años se convirtió en meses, y luego semanas, y luego días, y ahora generalmente está medido en términos de horas o minutos. Me siento mucho mejor y he logrado muchos más resultados.

Trabaja en reducir la cantidad de tiempo que le dedicas a tomar las cosas como algo personal y llevarás tu vida a un nivel superior.

55

Hazlo a tu manera

"¿Quieres ser una potencia en este mundo?
Entonces sé tú mismo".
Ralph Waldo Trine

"**I**mitador". Es una palabra que generalmente aprendemos en la escuela secundaria que siempre tiene una connotación negativa. Nos critican por intentar duplicar lo que alguien más ha hecho, en lugar de ser originales. A medida que crecemos tendemos a usar otras palabras para describir el acto de imitar a otros. Probablemente usemos la palabra "conformarse". De nuevo, por lo general tiene una connotación negativa.

Pero en el campo del desarrollo personal, muchas personas nos animan a "copiar" a otros. Llamado frecuentemente "modelar", es considerado un rasgo muy positivo.

En otras palabras, haz únicamente lo que las personas exitosas hacen y triunfarás. Por ejemplo, si estás en el medio de las ventas de finca raíz, encuentra a alguien que sea muy exitoso en ese campo y haz exactamente lo que esa persona está haciendo. Si lo haces, continúa el argumento, disfrutarás del mismo éxito.

Suena lógico, sólo que hay un problema: el "imitador" rara vez alcanza el mismo éxito. Permíteme modificar esa afirmación: siempre es útil poner en práctica los principios universales que las personas exitosas usan.

Principios universales como la actitud positiva, la persistencia, la integridad, la responsabilidad y el valor, funcionan para todos.

Es sabio que "copies" esos conceptos. Pero cuando trates de copiar las *acciones* específicas o el camino profesional que alguien ha seguido, verás que no obtendrás los mismos resultados que esa persona está obteniendo. Puedes preguntarte ¿cómo es eso posible? Si alguien me da la "fórmula" del éxito, ¿por qué sencillamente no puedo seguir lo que esa persona hizo y obtener los mismos resultados de éxito?

Probablemente un ejemplo sea útil para ilustrar este punto. Asumamos que la Compañía Aseguradora ABC tiene un vendedor muy exitoso (su nombre es "Phil"), quien está superando en ventas a otros vendedores por un amplio margen. Nos enteramos que Phil hace llamadas no solicitadas a clientes potenciales haciendo uso de un guión para programar citas. Nada garantiza que, al darle ese guión "ganador" a otro vendedor de la empresa, "Joe", él también obtenga los mismos resultados. ¿Pero cómo puede ser posible? Finalmente Joe está emulando lo que Phil hizo.

El éxito es más que hacer cosas. Hay componentes mentales y emocionales para lograr el éxito. No puedes aprovechar las habilidades mentales y emocionales específicas de otra persona que probablemente tiene un nivel de confianza diferente, un nivel de autoestima diferente, otros talentos e intereses, una vibración diferente, características que no son las mismas tuyas. Aquellos que interactúan con Phil perciben estos "intangibles" y reaccionan consecuentemente.

El éxito lo alcanzas de adentro hacia afuera. Cuando no crees que vas a triunfar y no tienes los sentimientos positivos que tienen las personas de éxito, no puedes "copiar" su éxito al imitar sus palabras o acciones. Inevitablemente obtendrás resultados consistentes con tus propias creencias y emociones. Por tal razón, si Joe no cree que pueda triunfar, o si siente que no merece el éxito, logrará resultados que confirmarán sus creencias limitantes. Al hablar por teléfono, Joe puede usar las mismas palabras que Phil, pero su interlocutor sentirá que Joe no cree en sí mismo, o que no cree en el producto que está vendiendo. Por consiguiente, el potencial cliente puede programar una cita con Phil, pero rechazar la invitación de Joe.

Hay otra razón por la cual "copiar" a otros no es una estrategia sabia de usar. Cuando copias a otra persona, no estás usando tus propios talentos. Tienes accesos a tus capacidades y maximizas tu potencial al desarrollar tus propios talentos y ser leal a tu propia personalidad. Cuando copias a otra persona, los demás sabrán que no estás siendo auténtico. Probablemente no lo señalen, pero sencillamente algo no andará bien.

Por otro lado, cuando expresas tus propios talentos y personalidad, los demás están a gusto contigo. Son más propensos a estar agradados y a hacer negocios contigo. Es más, viniste a este mundo con habilidades que solamente tú puedes expresar. Nadie más puede desarrollar estos talentos o expresarlos exactamente de la misma manera que tú. Esta es tu ventaja, es el área en la que nadie "compite" contigo. También verás que cuando sigas tu único camino, ¡empezarás a atraer oportunidades que son "hechas a la medida" para ti! Esas oportunidades son más valiosas que cualquier otra cosa que quieras intentar "copiar" de otra persona.

No estoy sugiriendo que ignoremos completamente lo que hacen las personas de éxito. Podemos aprender algo de sus acciones. En nuestro ejemplo con la compañía aseguradora, probablemente Joe podría hacerle algunos cambios al guión de Phil para acomodarlo a su propio estilo o personalidad. De esa manera, el concepto de usar un guión podría ser efectivo, incluso para Joe. Sin embargo, Joe necesita adaptar ese concepto de tal manera que use su propia personalidad, sus propios valores y sus propios talentos.

Por todos los medios debes aprovechar las perspectivas y experiencias de otros. Es por eso que los mentores son tan valiosos. Copia la actitud positiva y el sistema de creencias de personas exitosas. Aprende de la manera como ellos usan sus emociones y sentimientos para obtener resultados extraordinarios. Sin embargo, cuando se trate de actuar y tomar decisiones para avanzar, sé original. Sintonízate con tu propio sistema de dirección. Saca provecho de tu trasfondo, perspectiva única y destrezas. No seas un imitador. Ten el valor de hacerlo a tu manera y serás ricamente recompensado.

56

Dar y recibir

"Los codiciosos no reciben, los dadores sí".

Eugene Benge

Desde nuestra juventud escuchamos que "es mejor dar que recibir". Esto implica que hay algo noble en dar, mientras que hay egoísmo en recibir. No me malinterpretes. Le doy la mayor importancia al dar. La frase bíblica "Den y se les dará", tiene mucha verdad. De hecho, dar es un prerrequisito para recibir.

Pero tampoco menospreciemos el papel de recibir. Debemos aprender a dar y a recibir para maximizar nuestro éxito y para vivir la vida al máximo. A continuación hay nueve directrices poderosas para mejorar tu calidad de vida al dar y recibir:

1. **Expande tu perspectiva respecto a dar.** Algunas personas piensan en dar únicamente dentro del contexto del dinero, y, sin duda, muchos donan fondos a causas u organizaciones que valen la pena. Pero también puedes dar de *tu tiempo* haciendo trabajo voluntario. Puedes compartir *tu conocimiento* al servir como mentor para un compañero de trabajo o para un joven. Y no ignoremos una de las maneras más importantes de dar: *escuchar* atentamente a otra persona.

2. **Considera con qué ánimo das.** ¿Das a regañadientes y con la esperanza de obtener una devolución rápida de tu "inversión"? O, ¿das sólo por la satisfacción de dar y por tu disposición de servir

a otros? Cuando des con alegría y sin esperar nada a cambio, a la larga cosecharás muchos beneficios tangibles e intangibles.

3. **No hay pequeños actos de dar.** No pases por alto los aparentemente pequeños actos de dar que se te presentan a diario. Una sonrisa al cajero o unas palabras de ánimo para un compañero de trabajo, son actos de dar que son muy significativos. Dicho de forma más sencilla, dar no se limita a donar grandes sumas de dinero para que el pabellón de un hospital lleve tu nombre. Así que resiste la tentación de juzgar un acto de dar como superior a otro. Aprovecha *cada* oportunidad que tengas para hacerle más agradable el día a otro ser humano.

4. **Sé un dador y no un receptor.** Desde luego, todos nos vemos a sí mismos como "dadores" en lugar de "receptores". Pero a menudo, la manera como los demás nos perciben, es lo opuesto. Esto no es cuestión de "todo o nada". A veces, perdemos el equilibrio y ni siquiera entendemos que estamos pasando la línea de dador a receptor. Con frecuencia lo hacemos cuando necesitamos ayuda, como para encontrar un nuevo empleo. Lo que otros pueden hacer por nosotros de repente se convierte en el centro de nuestras conversaciones. Sé completamente honesto contigo mismo. En situaciones de generación de contactos y con compañeros o clientes, deja bien claro que tienes un interés activo en *servir* a los demás, lo cual es opuesto a buscar tus propios intereses a la larga. Ante todo pide ayuda cuando la necesites. Pero reconoce que los demás no tendrán muchos deseos de ayudar a "receptores" mientras que de buena gana ayudarán a los "dadores".

5. **Date a ti mismo al decir "NO".** Nuestro último consejo en cuanto a cómo dar te puede sorprender. Verás, *darte a ti mismo* también es importante. A veces pensamos que debemos ayudar a otros cuando lo piden. ¡No es así! Cuando lo haces, te extiendes demasiado y te quemas. Es esencial que te honres a ti mismo rechazando solicitudes que exijan de tu tiempo y recursos.

Ahora que hemos mirado algunos principios fundamentales de dar, fijemos nuestra atención en la habilidad igualmente importante de recibir.

6. **Acepta de buena gana todos los elogios.** Algunas personas fácilmente pueden elogiar a otras, pero cuando son ellas las que están del lado elogiado, se sienten muy incómodas y usualmente "rechazan" el cumplido. Por lo general un elogio como: *"Hiciste un gran trabajo con esa cuenta"*, recibe una respuesta como esta: *"Ah, en realidad no hice nada"*. De ahora en adelante, sin importar qué halago recibas, sólo di *"gracias"*. Si alguien dice que eres la persona más agradable sobre la Tierra, no debatas los méritos del comentario. Simplemente acéptalo con un *"gracias"*. Cuando rechazas los cumplidos, les quitas a los demás la satisfacción de dar y disminuyes tu propio valor y autoestima.

7. **Acepta de buena gana todos los regalos materiales.** Si alguien te ofrece un regalo *desinteresadamente*, acéptalo. (NOTA: Cuando esto suceda en un entorno de negocios, asegúrate de que en tu empresa no haya una prohibición de recibir tales regalos). De nuevo, es importante permitir que otros te den. Quien da, lo hace por la satisfacción que obtiene del hecho de dar (y porque siente que mereces ese regalo). Permíteles tener esa satisfacción y valorarte lo suficiente como para creer que lo mereces.

8. **Sé agradecido por lo que ya has recibido.** Dicho en términos sencillos, la gratitud mejora el recibir. Entre más aprecies lo que hayas recibido, más recibirás en el futuro. Así que deja de dar por hechos los muchos regalos en tu vida. Tu salud, tus seres queridos, tus posesiones materiales. Aprecia esas cosas a diario, ¡y recibirás aún más!

9. **Recibir requiere paciencia.** Si has sido un dador generoso y alegre, *vas* a recibir. Desafortunadamente no puedo decirte cuándo sucederá, o de dónde vendrá. El Universo se ocupa de esos detalles y de maneras que nunca podrías predecir. No necesariamente las personas a quienes les das son quienes te volverán a dar. Pero puedes estar tranquilo que dar genera un boomerang, y a la larga, recibirás lo que has dado de manera equivalente o mayor.

Hace muchos años escuché un programa de audio de Robert Schuller en el que él decía: "En realidad no puedes dar nada. Siempre vuelve a ti". ¿No te parece un concepto magnífico? Y he visto que es cierto. Dar es maravilloso en muchos sentidos. El verdadero gozo en la vida viene de servir a los demás. Saber que nuestra vida hace una diferencia nos da un sentimiento de satisfacción. Pero, así como queremos dar a los demás, debemos permitir que otros también den.

Así que da y recibe de buena gana. Es una prescripción para tener una vida feliz, llena de significado y exitosa.

57

¿Cuándo vamos a llegar?

"No hay atajos para llegar a algún
sitio que valga la pena".
Beverly Sills

Cuando era joven, nuestra familia solía hacer viajes en auto. A veces íbamos de New York a alguno de los Estados del sur. A veces íbamos a Canadá. Mi padre siempre conducía, mi madre se sentaba en la silla de adelante y mi hermano y yo atrás. Cuando llevábamos 30 millas recorridas de un viaje de 500, yo me empezaba a retorcer y preguntarle a papá: "¿Cuándo vamos a llegar?".

Mi padre decía que apenas habíamos comenzado y teníamos mucho por recorrer. Y 40 ó 50 millas después (¡incluso menos!) yo volvía a hacer la misma pregunta. Desde luego, siempre llegábamos y sobreviví a todos esos viajes. Supongo que sólo era un poco impaciente.

Recientemente estuve pensando nuevamente en mis metas y me escuché preguntándome a mí mismo: "¿Cuándo llegaré?". ¿Te haces la misma pregunta, cuando piensas en tus metas? Probablemente has estado esforzándote mucho para obtener un resultado en particular, pero todavía no ha sucedido.

Si alguna vez te has visto en esa posición, aquí hay algo de ánimo y algunos puntos en los cuales reflexionar. Pero por favor entiende que nadie más tiene las respuestas a tus retos. Estos son asuntos a considerar, pero eres tú quien finalmente debe tomar tus propias decisiones:

1. **Reevalúa tu CP (Coeficiente de Pasión).** ¿Todavía te emociona alcanzar esta meta? Si así es, sigue avanzando. Pero, si has perdido tu entusiasmo por ella, probablemente sea hora de reevaluar el camino que estás recorriendo. Puedes engañarte con argumentos racionales respecto a por qué estás haciendo lo que estás haciendo. Pero he aprendido que los instintos no mienten. Si cada día es una lucha y te da poca satisfacción, te vas a desgastar física, emocional y espiritualmente.

   Ten cuidado con esto. *No* estoy diciendo que todas las tareas a lo largo del camino van a ser divertidas. Rara vez ese es el caso. Pero, si al final de cada día te encuentras diciendo: "Odio hacer esto", deberías pensar seriamente en hacer algunos cambios.

2. **Disfruta los paisajes a lo largo del camino.** Durante los viajes en auto en la época de mi niñez, me concentraba tanto en las señales que anunciaban la cantidad de millas que hacían falta para llegar a nuestro destino, que me negaba a ver y apreciar el hermoso paisaje del camino. Y así sucede con nuestra vida. Si nos preocupamos mucho con el resultado final, perdemos muchos momentos preciosos que nos pueden alegrar los días, meses y años. No apreciamos a nuestra familia y no vemos toda la belleza y milagros que nos rodean. Así que no permitas que la búsqueda de tu meta te haga perder el equilibro y apagar todo lo demás en tu mundo.

3. **Reconoce la distancia que ya has recorrido.** Solemos concentrar toda nuestra energía en aquello que creemos que nos hace falta, las metas que todavía *no hemos* alcanzado. Y olvidamos las muchas cosas que *sí hemos* logrado. Si tienes algunas metas ambiciosas, apostaría que ya has alcanzado algunos logros extraordinarios en ese rumbo. Piensa en dónde estabas hace cinco o diez años. Date una palmada en la espalda por las habilidades que has desarrollado, el compromiso que has demostrado, las vidas que has impactado y los resultados que has obtenido.

4. **Ten mucha paciencia.** Hace varios años escuché un programa de audio de Wayne Dyer en el que él decía: "Las cosas grandes no le temen al tiempo". ¡Qué perspectiva tan maravillosa! Si en el fondo crees en ti mismo, seguirás hasta que logres lo que te has propuesto. A veces, tomará mucho más de lo que pensaste. Como David Geffen lo dijo en una ocasión: "Están el plan de Dios y el tuyo. Y éste último no importa". Mira el ejemplo del actor William H. Macy, quien, por su actuación en la película *Fargo*, obtuvo una nominación a los Premios Oscar en 1997. El avance de Macy se presentó a la edad de 47 años, después de haber estado actuando más de 25 años, más que todo en obras de teatro. Hubo momentos en los que pensó en renunciar a su carrera de actuación. Ahora es cotizado como uno de los mejores actores de la industria. Así que, persiste y sé paciente.

5. **Entiende que "llegar" no te hará feliz.** Es fácil caer en esta trampa. Te obsesionas tanto con lograr algo en tu empresa, que comienzas a tener la loca idea de que alcanzar esa meta, te traerá felicidad inmediata. Pero, el momento preciso en el que alcanzas tu meta, rara vez es la euforia que pensaste que sería. La estrella del tenis, Martina Navratilova dijo esto: "El momento de la victoria es demasiado corto como para vivir sólo para eso y nada más". Es por medio de todo el recorrido hacia la meta que experimentas verdadero gozo y desarrollas carácter. Además, no olvidemos que cuando "llegues" tendrás que elegir otro "punto" hacia el cual dirigirte.

6. **Avanza un poco cada día.** Es muy fácil desanimarse cuando las cosas no salen según lo planeado. Y está bien desanimarse, por unos minutos. Luego cobra ánimo y asegúrate de hacer cada día *algunas cosas* que te acerquen a tu objetivo. No deben ser tareas monumentales, una llamada o una carta también cuentan. Esto mantendrá tu impulso, y descubrirás lo gratificante que es el ser disciplinado y dar pasos constructivos cada día. Lo peor que puedes hacer es quedarte sentado, no hacer nada y sentir lástima por ti mismo.

7. **Sé flexible y mantente listo para tomar un desvío.** En los años 1980 los escritores de autoayuda solían recomendar fijar de 10 a 20 metas por año. Vaya, ¡cómo ha cambiado el mundo! Ahora sabemos lo difícil que es predecir el clima empresarial y los avances tecnológicos que se presentarán en los próximos *meses*. Pero con estos rápidos cambios, también vienen excelentes nuevas oportunidades y debemos estar preparados para aprovecharlas. Es por eso que es muy importante ser flexible con tu método para alcanzar tus metas, así como con tus mismas metas. Debes tener el valor para cambiar de avenida cuando el momento parezca el indicado. Con frecuencia el camino que has planeado seguir no es el mismo en el que vas a terminar. ¡Mantente abierto a nuevas posibilidades!

8. **Busca señales positivas, así sean pequeñas.** Todos tenemos días en los que el teléfono no suena y nada parece ir bien. Si esto te ha estado sucediendo por semanas y meses, probablemente sea apropiado que evalúes tu estrategia. Pero si estás progresando, así sea lentamente, la vida te dará algunas señales, por lo general en forma de victorias "menores". Puedes cerrar una venta importante, conocer a un contacto interesante o escuchar un comentario alentador. ¡Usa las señales positivas para inspirarte a ir más allá!

Quisiera poder decirte cuánto tiempo más te tomará llegar a donde quieres ir. Pero no puedo. De vez en cuando tendrás que frustrarte y te harás esta pregunta. Está bien. Usa estos principios para seguir en tu camino y ayudarte a ver las cosas en la perspectiva correcta.

Recuerda, el viaje es lo que realmente vale. Asegúrate de disfrutar cada paso del camino.

58

Estás dejando una impresión duradera

*"No hay tal cosa como un pequeño acto
de amabilidad. Cada hecho genera
una onda cuyo fin es ilógico".*
Scott Adams

Uno de los primeros recuerdos que tengo de mi padre es de una de las vacaciones familiares que tuvimos. Yo tenía alrededor de 7 años en esa época e íbamos viajando en auto hacia alguna parte al sur de los Estados Unidos. Mi hermano y yo íbamos en la parte trasera del auto y papá y mamá adelante. Ya era la media tarde de un caluroso día de verano cuando papá vio un camión de helados y se detuvo.

Cuando papá salió del auto, vio a un grupo de cinco chicos sentados sobre la acera cerca del camión. Cuatro de los cinco jóvenes estaban comiendo helado. Vi a papa acercarse al chico que no tenía helado y decirle: "¿Quieres un helado? Te puedo comprar uno". El chico amablemente le dijo a mi padre que no quería.

Seguro, fue un gesto muy amable de parte de mi padre. Pero no fue gran cosa, ¿cierto?

Bueno, de hecho sí lo fue.

Desde ese día, la amabilidad de mi padre hacia un completo extraño quedó impresa en mi mente. Y creo que ese evento, de forma significativa, ha moldeado mi propia conducta.

Mi padre también marcó otra impresión duradera en mí. Verás, el estatus social o económico significaban muy poco para él. Él no buscaba estar cerca de quienes tuvieran títulos pomposos. Tenía el mismo interés al hablar con un mesero como con alguien que limpiaba pisos. Respetaba a todo el mundo y nunca menospreció a nadie. Y, de nuevo, el comportamiento de mi padre influyó mi manera de tratar a los demás hasta el día de hoy.

A continuación hay algunas cosas para tener en cuenta si quieres dejar una impresión duradera y ser una influencia positiva para los demás:

1. **Reconoce la paradoja.** Por lo general no dejamos impresiones duraderas cuando intentamos hacerlo. Más bien, sucede cuando nos limitamos a vivir nuestra vida y hacer lo que pueden parecer las cosas comunes de todos los días. Seguro, hay quienes hacen un impacto duradero al alcanzar grandes logros o siendo celebridades. Pero las impresiones duraderas no están reservadas solamente para personas famosas como Oprah Winfrey o Michael Jordan. Están disponibles para ti y para mí, todos los días a cada momento.

   Al intentarlo, no puedo recordar un momento en el que mi padre se haya sentado conmigo y me hubiera dicho: "Así es como debes tratar a los demás...". Yo simplemente observé cómo él vivió su vida. La gente también está mirando tu vida, ya sea que estés consciente de eso o no. Eso es cierto en todos los papeles que desempeñas, ya sea como padre, hijo, empleado, empresario, etc.

2. **Vive conscientemente cada momento.** Aunque no podemos planear los encuentros o situaciones que generarán impresiones duraderas, podemos ser más conscientes de nuestro comportamiento y de la influencia potencial que éste puede tener. Muy a menudo vivimos en "piloto automático", haciendo cosas sólo por hábito sin entender el efecto que nuestras acciones puedan tener sobre los demás. En muchas de estas situaciones, nuestro com-

portamiento no coincide con los que decimos que son nuestros valores. (Por ejemplo, puedes pensar que eres de "mente abierta" y luego sorprenderte siendo intolerante con alguien que tiene puntos de vista diferentes).

Desde hoy, ahora mismo, entiende que cada interacción que tienes con otra persona es muy valiosa. Como autor, Dan Millman suele decir: "No hay momentos comunes". Con esto en mente, puedes elegir conscientemente, por ejemplo, ser honesto, amable y dar lo mejor de ti todo el tiempo.

Así que la próxima vez que estés por hacer algo, hazte esta pregunta: ¿Qué haría en este momento si supiera que mi comportamiento va a tener un efecto duradero sobre otra persona? No se trata de ser perfecto. Siempre habrá momentos en los que no estaremos orgullosos de nuestro comportamiento. Pero, al entender el impacto de tu conducta diaria, te verás haciendo elecciones diferentes.

3. **Aprecia el efecto dominó.** Es difícil ver las consecuencias de las impresiones duraderas que dejamos. Cuando mi padre le preguntó a ese joven si quería un helado, me estaba impactando a mí y a cada persona con quien yo tendría contacto después, ¡para siempre! ¿No te parece increíble? Pero no es una exageración. Esa acción de mi padre ayudó a moldear mi carácter, lo cual a su vez afecta la manera como yo he tratado a los demás durante los 45 años posteriores a ese hecho. Es más, las personas a quienes he conocido, pueden haber sido impactadas, y pueden haber pasado esos valores a otras personas que han conocido. Es un ciclo infinito. Así que en este mundo no hay acciones pequeñas. Una sencilla acción verdaderamente puede cambiar el curso de la humanidad.

En conclusión, ya sea que lo quieras o no, vas a dejar impresiones duraderas. De ti depende si los mensajes que envías son positivos o negativos. Hoy, durante el día, piensa un poco más en la manera como hablas y actúas. Sencillamente puedes estar dejando una impresión que dure por generaciones.

59

El camino
de crecimiento

"Lo que cuenta es lo que aprendes
después de saber".
John Wooden

S i estás leyendo este artículo, creo que es correcto asumir que
te interesa el tema del desarrollo personal. Supongo que no
eres exactamente la misma persona que eras hace cinco años. Piensas
diferente. Actúas diferente. Ves el mundo de otra forma. En resumen,
estás creciendo y evolucionando.

Cuando crecemos físicamente, podemos ver los cambios. Pero
cuando se trata del crecimiento personal y profesional, no siempre
es fácil percibir el progreso. Claro, no hay un examen sencillo que
presentar para evaluar el crecimiento personal. Pero he encontrado algunas señales que nos ayudan a comprender mejor en dónde estamos.

Mira cuáles de los siguientes puntos son reales para ti hoy. Si lo
son, ¡felicitaciones! Y si no, trata de ponerlos en práctica a medida
que te esfuerzas por llegar al siguiente nivel de tu desarrollo personal.

1. **No culpas a otros ni sacas excusas.** Has entendido más
   y más que la respuesta a tus problemas no está en señalar
   a otros. En lugar de eso, asumes la responsabilidad de tus

propios resultados y de tu propia felicidad. Te concentras en *tu* actitud, *tus* habilidades, *tus* acciones y *tu* disciplina.

2. **No miras hacia atrás.** Quedarse en los eventos desagradables del pasado no los va a cambiar, sólo te hará sentir estancado en el presente. Entonces, ¿por qué hacerlo? Parte de aceptar la responsabilidad personal es reconocer que en cualquier punto puedes cambiar el camino en el que estás. Aprende del pasado pero no te obsesiones. Más bien, da pasos hoy para generar un futuro positivo.

3. **Cuidas la integridad de tus pensamientos.** Ya no dudas que tus pensamientos sean los que crean tu realidad. Y si así es, entonces ¿por qué has de pensar negativamente? Estás disciplinándote para concentrarte en lo que quieres, en lugar de pensar en lo que no quieres.

4. **Tus creencias espirituales están creciendo a pasos agigantados.** Tan pronto aceptas el hecho de haber sido creado por un Poder Superior que tiene un plan específico para tu vida, comienzas a vivir en un nivel diferente. Te sintonizas con tus posibilidades y confías en que recibirás dirección en tu recorrido. Das pasos audaces y encuentras que tienes la fuerza para enfrentar las adversidades y decepciones que temporalmente obstruyen tu camino.

5. **No te comparas con otros.** Ya no juzgas tu propio éxito según la cantidad de dinero que gana otra persona, ni en cuán rápido has ascendido en tu empresa. Sólo compites contigo mismo y todos los días apuntas a desarrollar tus propios talentos.

6. **A diario tienes un sentimiento de gratitud.** Cuando eres joven, tiendes a darlo todo por hecho: tu salud, el techo sobre tu cabeza y la comida en tu mesa. A medida que pasan los años, de repente experimentas el lado "oscuro" de la vida. Tú o tus familiares o amigos enfrentan alguna enfermedad seria. Conoces personalmente a alguien que muere a sus 30, 40 ó 50 años. En lugar de quejarte por aquello que no es

perfecto en tu vida, eliges estar agradecido por los muchos dones que has recibido. Te identificas con el sabio consejo de Eddie Rickenbacker, quien dijo en una ocasión: "Si tienes toda el agua fresca que quieres tomar y todo el alimento que quieres comer, nunca deberías quejarte por nada".

7. **Te ríes mucho más, especialmente de ti.** Varias veces al día te ves liberando una gran carcajada. Tomas en serio tu trabajo pero no a ti. Ya sea que estés con clientes, compañeros de trabajo, amigos o familiares, te aseguras de reír. Te sentirás mejor y te divertirás mucho más.

8. **Algo te emociona.** Cuando estás viviendo en la corriente de la vida y a tu máximo potencial, estás entusiasmado. No tienes que estar dándoles palmadas a todos en la espalda pero eres optimista y te sientes vivo. Te levantas en la mañana con un propósito y estás ansioso por las actividades del día. La gente puede mirarte o hablar contigo y de inmediato captar tu energía positiva.

9. **Estás asumiendo algunos riesgos.** Nadie te está pidiendo que hagas paracaidismo ni que arriesgues tu integridad física. Pero el camino del crecimiento demanda que te aventures a lo desconocido. Es ahí donde te descubres a ti mismo y encuentras qué cosas puedes lograr. Comienzas a tener ideas y visiones acerca de grandes metas que alcanzar y tienes el valor para perseguirlas. En lugar de sólo pensar en hacer algo, ¡actúas y lo haces!

10. **Lo que los demás piensen te preocupa menos.** ¿Para tomar una decisión todavía necesitas la aprobación de alguien? En el camino hacia el crecimiento, estás dispuesto a hacer lo que crees que es mejor para ti, así no le agrade a otra persona. Es bueno buscar consejo para temas esenciales como tu carrera, tus relaciones y tus metas. Pero *tu* opinión es lo que importa al final. Nunca serás feliz siguiendo el plan de otra persona para tu vida.

11. **Haces más énfasis en la honestidad y la integridad.** Haces lo correcto aún cuando nadie te está mirando. Tu objetivo

es desarrollar relaciones sólidas y a largo plazo, tanto a nivel personal como profesional y no puedes lograrlo a menos que seas una persona de carácter e integridad. Además de ser bueno para los demás, esto es para tu propio beneficio. Lo que sea que des en la vida, volverá a ti como un boomerang. Así que, si quieres que los demás te traten con honestidad y respeto, debes tratarlos de la misma manera.

12. **No tratas de "arreglar" a los demás.** Has aprendido que un poco de desarrollo personal puede ser peligroso. Aunque has comenzado a ver que hay una mejor manera de vivir y deseas que otros también "vean la luz", reconoces que cada persona tiene su propio camino a seguir, y que no decides el ritmo de progreso de nadie. Así que, en lugar de "convertir" a otros, sigues trabajando en ti mismo y encuentras que tu ejemplo es más poderoso que cualquier sermón que puedas predicar.

13. **Aprovechas la oportunidad para animar a otra persona.** Recuerdas lo difícil que fue cada etapa de tu vida y de tu carrera, y lo retador que es ahora. Es más, sabes que estás donde estás, en gran parte debido a que alguien creyó en ti, te animó y te ayudó. Insistes en hacer lo mismo por quienes se pueden beneficiar de tu experiencia.

14. **Ves las cosas en perspectiva.** Tu lista de lo que realmente es importante en tu vida se sigue reduciendo. Trabajas duro y disfrutas cualquier comodidad material que tienes pero "las cosas" no son tan esenciales para ti como lo fueron antes. Reconoces que tu salud y bienestar, así como los de tus seres queridos, es lo que realmente importa. Ya no dejas que las pequeñas molestias diarias (en el trabajo o en casa) te arruinen todo el día.

15. **Escuchas más y haces preguntas.** Has aprendido a dominar un poco tu ego y no sientes la necesidad de ser siempre el centro de atención. También entiendes que cuando hablas no aprendes nada. Así que equilibras tus conversaciones asegurándote de hacer hablar a los demás al hacer preguntas. Te interesa más conocer de *sus* trasfondos, *sus* opiniones

respecto a varios temas, *sus* carreras y *sus* familias. Cada persona tiene una historia fascinante que contar y quieres oírla.

16. **Has aprendido que la disciplina es divertida.** ¡Nunca pensé decir eso! Pero es cierto. Para desarrollar un buen estado físico, te ejercitas varias veces a la semana. Para desarrollar una exitosa carrera como vendedor, le prestas atención a lo básico de día y de noche. Ya no estás buscando una "solución rápida". Más bien, sabes muy bien que debes esforzarte antes de poder cosechar la recompensa. Encuentras mucha satisfacción al persistir con algo y dominarlo después de un tiempo.

17. **Te fijas altos estándares para ti y para los demás.** Ten cuidado, no se trata de alcanzar la "perfección". Más bien, en el camino del crecimiento, sencillamente tienes el deseo de lograr más y más de tu potencial. Ya no te conformas con algo que sea menor a tu mejor esfuerzo. Y al ver más potencial en otros, también los animas a desarrollar sus talentos.

Ya hemos cubierto 17 señales en tu camino hacia el crecimiento personal y profesional. Estoy seguro que puedes añadir muchos puntos más basándote en tus propias experiencias. Ten presentes estas ideas todo el tiempo a fin de verificar cómo ha sido tu progreso. Aplícalas consistentemente y disfrutarás resultados fenomenales, ¡además de disfrutar de un viaje muy emocionante!

60

Las respuestas que buscas están en tu interior

"Nadie tienes tus respuestas".

Jeff Keller

La vida sería mucho más sencilla si, al enfrentar una decisión, pudiéramos consultar fácilmente el libro de referencia para la persona ideal y encontrar la solución perfecta. Desafortunadamente, rara vez es tan fácil.

No hay libros, cursos o sabios que puedan tomar por ti las decisiones fundamentales de la vida, decisiones como: *¿Debería aceptar un nuevo cargo en mi empresa y mudarme a otra ciudad? O ¿debería casarme con esta persona?* A la larga, estas decisiones vitales están en tus manos.

Aunque a la larga tus respuestas están en tu interior, puede ser difícil hallarlas. Así que a continuación hay un grupo de directrices que te ayudarán a lograr e implementar soluciones exitosas para los asuntos cruciales de tu vida:

1. **Confía en tus habilidades.** En determinado momento, las elecciones que ves como posibles están directamente relacio-

nadas con lo que tú *crees* que puedes lograr. Si no tienes una
confianza firme en tus propias habilidades y te ves alcanzando
un éxito apenas limitado, tu mente sólo podrá tener acceso a las
respuestas que corresponden a esa visión limitada. Así que eleva
tu concepto de lo que es posible para ti, tomarás consciencia de
oportunidades aún mayores.

2. **Sé decisivo.** La mayoría de decisiones, incluso las importantes,
    no son asunto de vida o muerte. Pero muchos se estancan porque
    tratan de encontrar cada variable antes de decidirse. Es mucho
    mejor elegir un camino y avanzar. Si tu decisión no funciona,
    puedes hacer un ajuste o elegir otra opción en el futuro. *(Nota:
    ¡No usaría este método para elegir cónyuge!).*

    No soy partidario de tomar decisiones precipitadas sin investigar
    ni planear. Pero no puedes esperar que la respuesta "perfecta" se
    revele con todas las dificultades y retos resueltos de antemano.

3. **Asegúrate de estar considerando lo que es mejor para *ti*.** Si
    basas tus decisiones en lo que otros quieren que hagas, vas rumbo
    a una vida frustrante. Nunca te sentirás pleno alcanzando las
    metas de otra persona. Nadie más puede conocer las fortalezas
    y talentos que hay en tu interior. (¡En muchos casos, ni siquiera
    tú tienes consciencia de éstas!) Así que sigue los deseos de tu
    corazón. Ahí es donde yace tu poder y donde encontrarás las
    soluciones más gratificantes.

4. **Reconoce que las respuestas a menudo se revelan paso a paso.**
    En muchos aspectos, tu vida es como un rompecabezas, en el
    que sólo se pone una pieza a la vez. Es únicamente después que
    comienzas a conectar unas piezas que puedes ver cómo encajan
    las otras piezas en el "cuadro completo". Con frecuencia recibirás
    una respuesta que te llevará nada más hasta cierto punto. Conténtate con eso. Conforme termines esa porción del rompecabezas,
    crecerás y veras cuál es el siguiente paso adecuado a seguir.

5. **Escucha a tu intuición.** ¿Alguna vez has tenido la corazonada
    de que algo no estaba bien, y aún así proseguiste? ¿Cómo resultó? Lo más probable es que después te hayas lamentado por tu
    decisión. Tu intuición trató de advertirte que algo no andaba

bien, y la ignoraste. Confía en tu intuición y sigue su dirección, así la aparente respuesta vaya en contra de tus preconcepciones.

6. **Ora y busca orientación espiritual.** Muchos ven que pueden encontrar la respuesta "correcta" mediante su conexión con un Poder Superior. No se trata de buscar un resultado específico. Más bien, es mantener la mente abierta y pedirle a tu Poder Superior que te oriente en la toma de decisiones claves.

7. **Disponte a implementar la respuesta.** Muchos conocen la respuesta a su problema pero sencillamente no están dispuestos a hacer lo que sea necesario para proceder con la solución. Por ejemplo, puedes tener un empleado con mucha antigüedad pero que no está teniendo un buen desempeño. Sabes que debes despedirlo pero sencillamente no quieres hacerlo.

    Reconoce que tus mejores respuestas usualmente implicarán cambios, obstáculos y, posiblemente, algo de estrés emocional. Ese es el precio que tendrás que pagar, pero al final, te alegrará haberlo hecho.

8. **¡Sé valiente!** El valor es un rasgo que prácticamente garantizará que encuentres las respuestas más poderosas y las implementes con éxito. Ten el valor de explorar los límites de tu potencial y de dar pasos según las respuestas que surjan. Sé abierto a fallar en el proceso. Al demostrar tu valor, la vida te recompensará con más y más respuestas fantásticas y oportunidades.

    Tu vida es un viaje hacia el descubrimiento y el desarrollo de tus fortalezas únicas. Avanza con valor, altas expectativas, persistencia, y la disposición de ser leal a ti mismo. Así encontrarás todas las respuestas que necesitas.

61

Todo sucede por una razón

"Todo lo que he visto me enseña a confiar en el Creador de todo lo que no he visto".

Ralph Waldo Emerson

¿Te gustaría tener más éxito y menos estrés en tu vida? ¿Quisieras que los agravios diarios tuvieran menos poder sobre ti? ¿Apreciarías tener algo de paz mental?

No, no necesitas encontrar un genio en una botella para disfrutar de esos beneficios espectaculares. Pero lo que sí necesitas es creer en un concepto clave: *todo sucede por una razón.*

Cuando comencé a dictar conferencias hace más de 20 años, solía preguntarles a mis oyentes: "¿Cuántos de ustedes creen que todo sucede por una razón?". Por lo general, un 25% de la gente levantaba la mano. Ahora, cuando hago la misma pregunta, no importa dónde, entre un 50% y un 80% del público responde afirmativamente.

Ya sea que creas que las cosas suceden por un propósito, o no tengas seguridad en cuanto a ese concepto, a continuación hay unos puntos a considerar para obtener los máximos resultados de este principio:

1. **No maldigas tus circunstancias actuales, ni te quejes por el pasado.** Cuando encontramos situaciones "negativas" o estresantes en nuestras vidas, nuestra reacción inmediata es sentirnos indignados, frustrados o deprimidos. Este es el comienzo de un descenso en espiral con el cual llenamos nuestras mentes con pensamientos tristes, generando así más resultados negativos. Por el contrario, cuando crees que hay un propósito en tus dificultades, tu estado mental es muy diferente. Entiendes que tu situación actual te está ayudando de alguna manera, así sea un giro en el camino o una lección que puedes aplicar posteriormente.

2. **Este principio no se limita a tragedias y problemas.** Aunque es cierto que puedes encontrar aspectos positivos en cada adversidad, la idea de que todo sucede por un motivo también se aplica a experiencias positivas y "neutrales". Por ejemplo, digamos que conociste a alguien en una reunión de generación de contactos. La persona no representa mayor importancia para ti y parece no haber posibilidades de hacer negocios con ella. Lo que no estás considerando son las posibles maneras como ustedes dos pueden ayudarse en el futuro.

3. **Ser pasivo no es la respuesta.** El hecho de que todo lo que te sucede tenga "razón", no quiere decir que puedes alcanzar tus metas quedándote sentado y esperando que el éxito se presente por sí solo. Aún así, de ti depende el ser proactivo o hacer que las cosas sucedan. Para eso se necesita energía, creatividad y sí, ¡mucho esfuerzo de tu parte!

4. **Reconoce la "calle de doble vía".** Es fácil quedar atrapado en la idea de que cada persona que conoces tiene algo que aportarte. Eso es cierto en *algún grado*. Pero no ignores el hecho de que tú también tienes algo que aportarles a los demás.

   Y aunque suelen haber escenarios en los que cada parte le aporta a la otra, hay muchos casos en los que no es un "dar y recibir" equitativo. Por tal razón, hay ocasiones en una relación, en las que puedes estar *sirviendo* a otro, más de lo que estás *recibiendo*.

5. **Siempre estás siendo dirigido hacia algo "mejor".** ¿Alguna vez has sido despedido de un trabajo, para luego avanzar y encontrar

un mejor empleo? O, ¿has cortado una relación personal (¡o te han echado!) para después conocer a alguien que era una mucho mejor pareja? En ambos casos, la vida te estaba llevando hacia algo que te daría mayor satisfacción.

Desde luego, en todas estas situaciones, tuviste la opción de no optar por la mejor alternativa. Por ejemplo, después de haber sido despedido, te pudiste haber quejado respecto a la falta de oportunidades de trabajo. O, después de terminar la relación, pudiste haber concluido que "no tienes suerte en el amor". Pero, si hubieras optado por esas opciones, te habrías perdido de una mejor opción que estaba a la vuelta de la esquina.

6. **Nunca podrás explicarlo** *todo*. Pensar que todo sucede por una razón no dará respuesta a cada pregunta que tienes en cuanto a la vida. Por el contrario, aunque verás que estás mejor capacitado para entender ciertos hechos, aún así habrá muchos misterios que no puedes explicar.

No hay coincidencias. Cuando creas esto, entrarás a un nuevo mundo de posibilidades. Cuando se presente un problema, en lugar de lamentarte diciendo "¿por qué yo?" buscarás la lección que puedes aprender o la oportunidad que se aproxima.

Entenderás que no tiene sentido discutir respecto a algo que no debió haber sucedido. Sí pasó, hay una razón para eso, y, si eres sabio, ¡lo usaras para tu provecho!

62

Comencemos unas nuevas tendencias

"Al parecer siempre estamos en transición
y todo se trata más de tendencias que
de lo que es significativo".
Marlee Matlin

C uando alguien habla de "tendencias" puedes pensar en la sacudida del mercado, o en la clase de atuendos o corbatas que ahora están de moda. Pero creo que hay tendencias más importantes y menos discutidas, tendencias que operan en la vida diaria. Me refiero a tendencias que son los principios por los cuales vivimos. E, indudablemente, algunas de estas tendencias son inquietantes.

A continuación hay algunas nuevas tendencias que me gustaría reemplazar por las que parecen estar en boga actualmente:

Asumir responsabilidad, en lugar de culpar y dar excusas. Vivimos en un tiempo en el que acusar se ha vuelto muy común y la responsabilidad personal está en declive. Si tomamos malas decisiones, deberíamos aceptar las consecuencias de las mismas. Si buscamos chivos expiatorios, nunca tendremos éxito ni seremos felices. Estamos a cargo de la dirección de nuestra vida. Cuando asumimos responsabilidades, podemos hacer cambios positivos. Cuando culpamos a otros nos quedamos estancados.

Honrar a cada persona, a diferencia de alabar a las celebridades. Ya es suficientemente malo que pasemos cualquier cantidad de horas viendo programas de televisión que no tienen sentido. Pero ¿cuál es el objeto de seguir la vida personal de estrellas de cine o de televisión? ¿Por qué leer acerca de su vida o ver programas de chismes en televisión mientras podríamos concentrarnos más bien en desarrollar nuestros propios talentos o hacer algo diferente que sí valga la pena? Personalmente creo que nadie es "mejor", ni "más importante" que otra persona. Todos estamos en un mismo plano, sin importar tu trabajo o el tamaño de tu cuenta bancaria. ¿El dedicado maestro de escuela, que está forjando la vida de tu hijo, es en algún grado menos importante que una estrella de comedia en televisión? Creo que es hora de dejar de obsesionarnos con las celebridades y empezar a valorar a cada persona con quien nos encontramos en nuestro camino.

Autenticidad, en vez de decir lo que crees que los demás quieren oír. Encontrar personas que digan lo que realmente creen es todo un reto. Mira por ejemplo a los políticos. Rara vez son auténticos y sólo dicen lo que es "políticamente correcto", usualmente guiados según la última encuesta realizada. También ves esa falta de autenticidad y realidad en la manera como las empresas se presentan a sí mismas. Considera los comerciales de las empresas aseguradoras que ves en televisión. Vemos un escenario en el que el agente llega de inmediato a la escena del accidente para ayudar al cliente, sacar el auto del agua y también hacer los arreglos del pago de la póliza, el cual se hará esa misma semana. ¿Crees que así es como se manejan los pagos de reclamos de seguros?

Aunque es cierto que todos (personas y empresas), en cierto grado, usamos una "máscara" y con frecuencia mostramos algo que no somos, nos podemos beneficiar al ser más auténticos. Esto, a su vez, permitirá que nos comuniquemos de manera más eficiente con otros y que también nos sintamos mejor con nosotros mismos. La autenticidad es una fuerza poderosa si tenemos el valor de aceptarla.

Tolerancia de ideas, en lugar de confrontación y rigidez. Siempre me enseñaron que puedes discrepar con otros sin ser displicente. Esa filosofía parece haber sido desechada. Ha sido reemplazada por una postura combativa en la que la gente ataca agresivamente a quienes no están de acuerdo con sus posiciones. En los noticiarios de televisión sueles ver invitados que defienden diferentes lados de un tema. El "debate" suele conducir a ataques personales y menospreciar los puntos de vista de la otra persona como ridículos. Mucho de lo que se habla en radio se basa en ese principio. Pero la mayoría de asuntos en la vida no son "blanco y negro", y no podemos esperar que otros con trasfondos y experiencias distintos estén de acuerdo con nuestra postura en todos los temas. Necesitamos escuchar más y estar abiertos a quienes tienen diferentes puntos de vista. Puede ser que aprendamos que no lo conocemos todo, y que a menudo la verdad está en el medio de posiciones extremas.

Enfoque positivo, en lugar de enfoque negativo. ¿Qué tanto de lo que lees, ves o escuchas en los medios es positivo? Probablemente el 10%. No es culpa de los medios. Cuando dejemos de ver o leer noticias negativas, los medios ofrecerán algo diferente. Nos hemos permitido tener el hábito de concentrarnos en lo negativo. Sin importar lo que los medios informen, tú puedes convertirte en un publicador de noticias positivas. Invierte tu tiempo hablando de lo positivo en lugar de lo negativo. Expresa gratitud por lo que tienes en lugar de quejarte por lo que no tienes. Observa el bien en los demás en lugar de hacer énfasis en sus fallas. Cuando cambies tu enfoque hacia lo positivo, lograrás más, te sentirás mejor e inspirarás a otros.

Sencillez y espontaneidad, en lugar de planeación excesiva y estructura. Cuando era niño la vida parecía mucho menos complicada. Después de la escuela, hacía mi tarea y salía o iba al patio del colegio a practicar deportes con mis amigos. Ahora, parece que cada joven tiene una multitud de actividades programadas a las cuales asistir cada día. Estos chicos necesitan agendas diarias porque sus ocupados horarios rivalizan con el de un ejecutivo de una empresa. Además, se espera que los padres les sirvan de chofer, llevándolos de un evento a otro. Así que, tanto los jóvenes como los padres se estresan.

Sí amigos, entiendo que el mundo de hoy es diferente y que las realidades económicas y sociales, (familias en las que los dos padres trabajan, guarderías, vecindarios menos seguros, etc.), han alterado el estilo de crianza. Y, de hecho, muchos dicen que los niños de hoy tienen mejores oportunidades debido a que están expuestos a todas esas actividades. Dicho eso, pueden llamarme "anticuado", pero creo que hay un valor inherente en la vida que no tiene toda esa estructura y permite cierta espontaneidad. Asumir más y más responsabilidades no quiere decir que tengas una mejor vida. Sencillamente puede ser todo lo opuesto.

Paz interior, en lugar de buscar estímulo externo. No hay nada de malo con la emoción y los estímulos externos. Pero nos engañamos a nosotros mismos cuando pensamos que cosas externas son las que nos darán satisfacción duradera. La paz y la felicidad se hallan solamente en nuestro interior. Ninguna otra persona te puede dar paz interior. Ningún estimulante o droga te dará paz. Estoy completamente a favor del éxito material; hace que tu viaje sea más placentero y te permite ayudar a otros. Pero ninguna cantidad de riquezas materiales te dará contentamiento duradero. La paz se desarrolla por medio de momentos de quietud, no en medio del ruido y caos latentes, ni tampoco acumulando posesiones.

Ahora que has revisado algunas de estas tendencias, piensa un poco en cuáles te serán útiles. Depende de ti el tomar la decisión de participar en las tendencias actuales o marcar un nuevo camino. Démosles una última mirada a las nuevas tendencias que estoy sugiriendo:

- Asumir responsabilidad
- Honrar a cada persona
- Autenticidad
- Tolerar ideas
- Enfoque positivo
- Sencillez y espontaneidad
- Paz interior

Cuando sigas estas nuevas tendencias, crearás una vida llena de significado, conexión y un éxito extraordinario.

Acerca del autor

Jeff Keller, Presidente de Attitude is Everything Inc., trabaja con organizaciones que quieren desarrollar personas triunfadoras y con gente que quiere lograr su máximo potencial. Jeff es orador, líder de seminarios y escritor en el área de motivación y potencial humano. Durante más de 20 años ha hecho sus estimulantes presentaciones a empresas, asociaciones de comercio e instituciones educativas.

En su "primera vida", Jeff fue abogado y practicó el Derecho por más de 10 años antes de optar por seguir una carrera de tiempo completo como orador y escritor.

Jeff es el autor del libro éxito de ventas, *Attitude is Everything*. También es coautor de *Success and Happiness*, y de *If You Could Ask God*. Jeff ha producido muchos programas de audio y video muy reconocidos.